Piano • Vocal • Guitar

Inspirational COUNTRY HITS

T0086558

ISBN 978-1-4768-9951-0

HAL • LEONARD®
CORPORATION
7777 W. BLUEMOUND RD. P.O. BOX 13819 MILWAUKEE, WI 53213

Visit Hal Leonard Online at
www.halleonard.com

CONTENTS

ANGELS IN WAITING

Words and Music by STEWART HARRIS,
JIM McBRIDE and TAMMY COCHRAN

Recorded a half step lower.

Keep - in' the faith, __ or rac - in' with des - ti - ny.
I'll give them life, __ I'll __ let them live through me. __

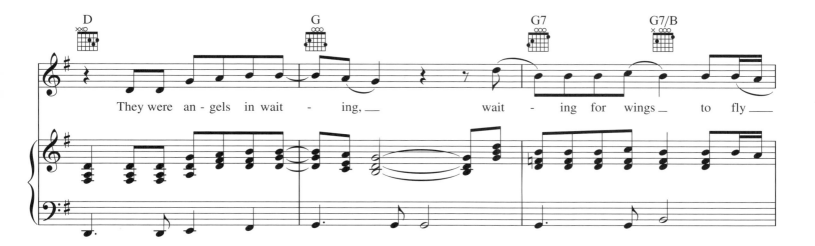

They were an - gels in wait - ing, __ wait - ing for wings __ to fly __

__ from this world, a - way __ from their pain. __ Treas - ur - ing __ time, __ till

time came to leave, __ leave __ them be - hind, __ sweet __ mem - o - ries.

An - gels in wait - ing, __ an - gels in wait - ing for __ wings.

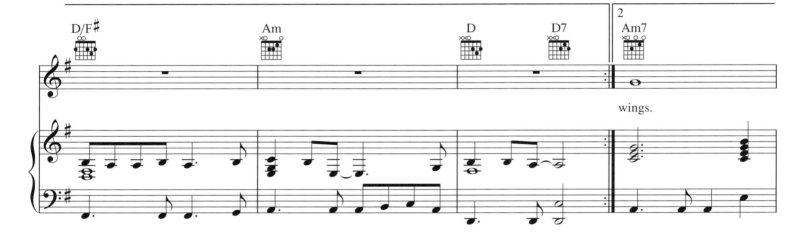

wings.

They were an - gels in wait - ing, __ wait -

- ing for wings __ to fly __ from this world, a - way from the pain. __

Treas-ur-ing time, ___ till time came to leave, ___ leave ___ them be-hind. ___

Sweet ___ mem-o-ries. An-gels in wait - ing, ___ an-gels in wait - ing for ___

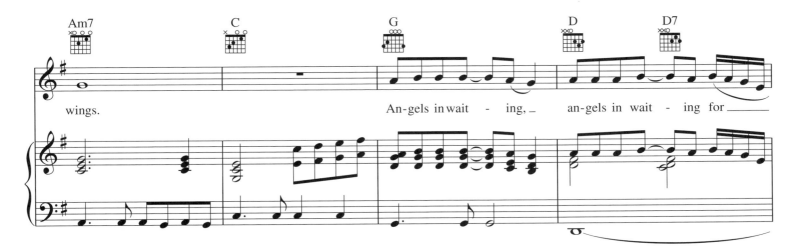

wings. An-gels in wait - ing, ___ an-gels in wait - ing for ___

wings. ___

rit.

ANYWAY

Words and Music by BRAD WARREN,
BRETT WARREN and MARTINA McBRIDE

Moderate Ballad

You can spend your whole _ life build - ing some - thing from noth - ing. One storm can come _ and blow _ it all _ a - way. _ Build it an - y - way. _

You can chase _ a dream _ that seems so out of reach, _ and you

know it might ___ not ev - er come ___ your ___ way. Dream it an - y - way. ___

cresc.

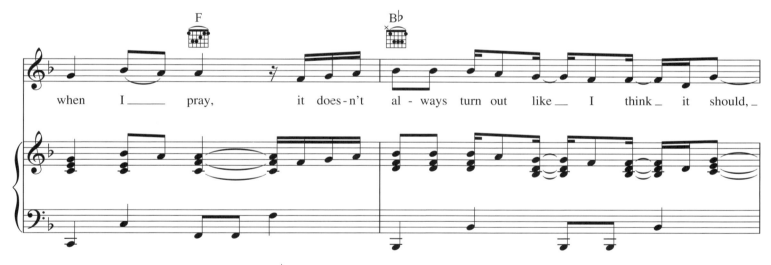

God is ___ great, but some - times life ___ ain't ___ good. And

f

when I ___ pray, it does - n't al - ways turn out like ___ I think ___ it should, ___

To Coda ✛

___ but I do it an - y - way. ___ I do it

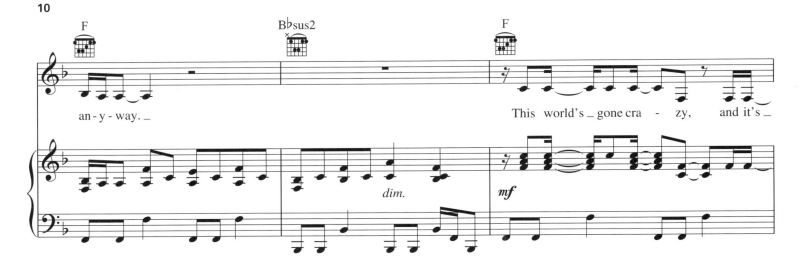

an-y-way. _ This world's _ gone cra - zy, and it's _

_ hard to be-lieve _ that to-mor-row will _ be bet-ter than _ to-

- day. _____ Be-lieve it an-y-way. ____ You can

love some-one _ with all _ your heart for all the right rea-sons, and in a

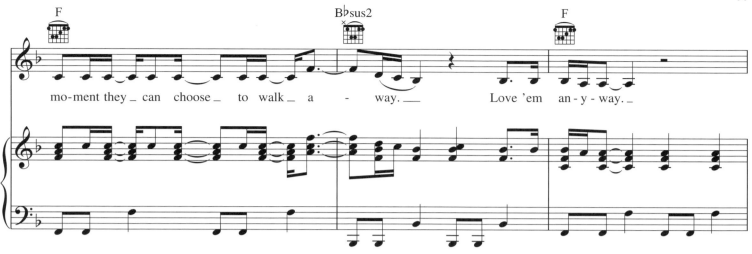

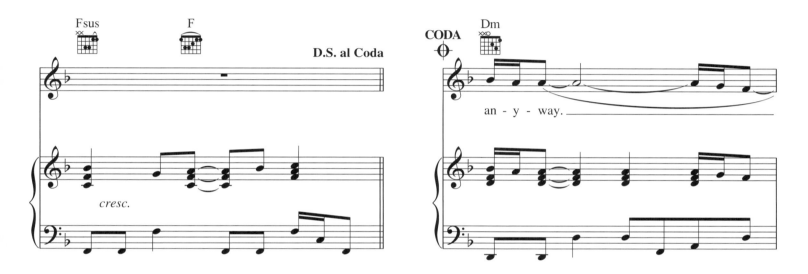

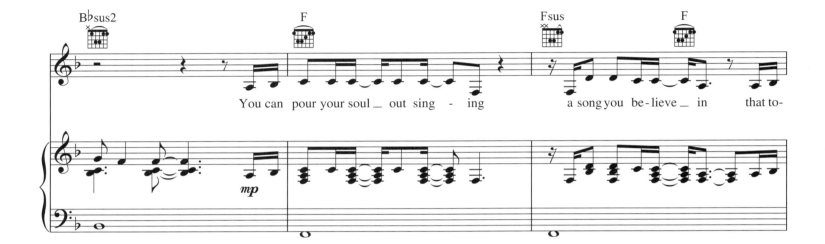

You can pour your soul __ out sing - ing a song you be-lieve __ in that to-

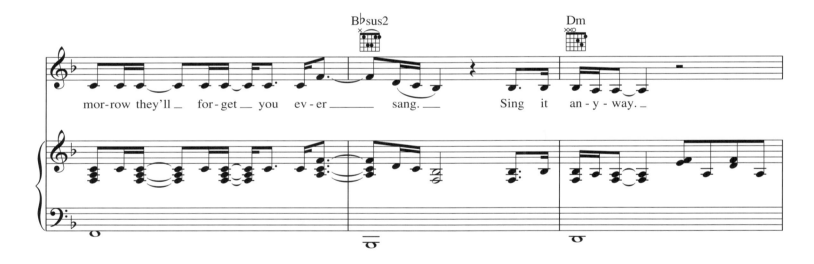

mor-row they'll __ for-get __ you ev - er _____ sang. __ Sing it an - y - way. __

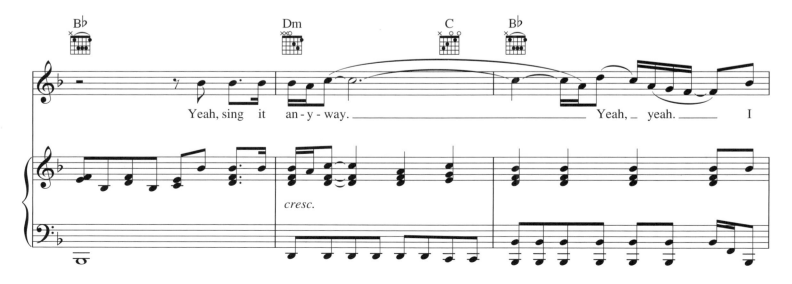

Yeah, sing it an - y - way. _____ Yeah, __ yeah. _____ I

sing, _____ I dream, _____ I love _____

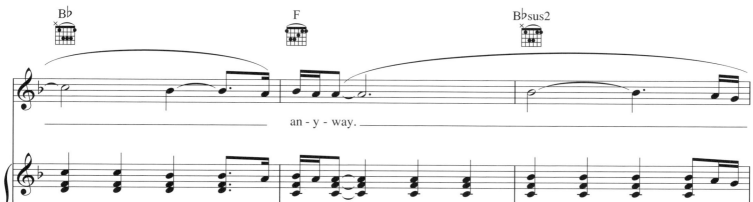

an - y - way. _____

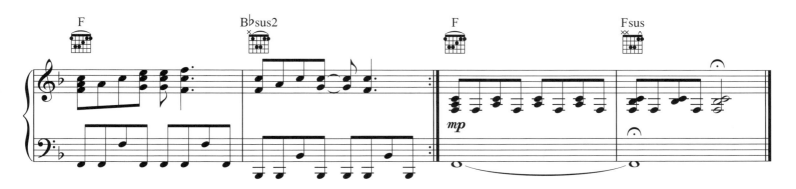

BETTER THAN I USED TO BE

Words and Music by ASHLEY GORLEY
and BRYAN SIMPSON

I know how to hold __ a grudge, __

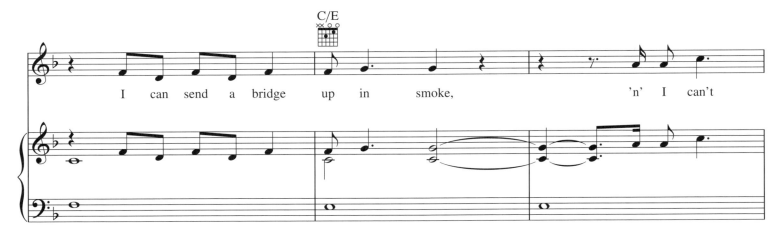

I can send a bridge up in smoke,   'n' I can't

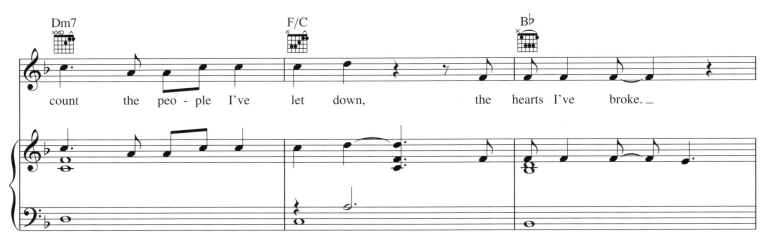

count the peo-ple I've let down,   the hearts I've broke. __

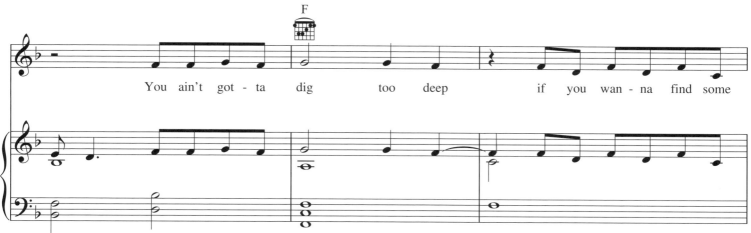

You ain't got-ta dig too deep if you wan-na find some

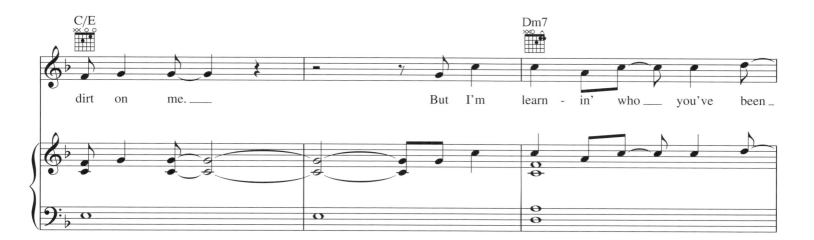

dirt on me.___ But I'm learn-in' who___ you've been___

___ ain't who you've got-ta be._____ It's gon-na be an

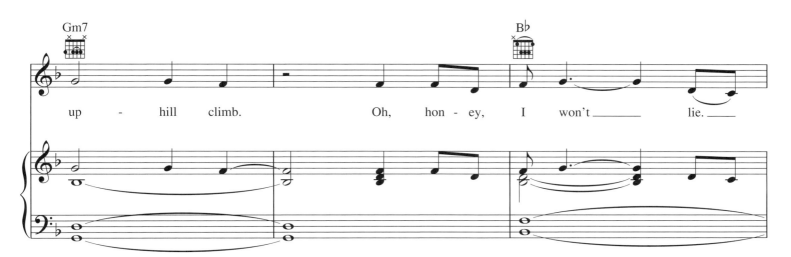

up - hill climb. Oh, hon-ey, I won't_____ lie.____

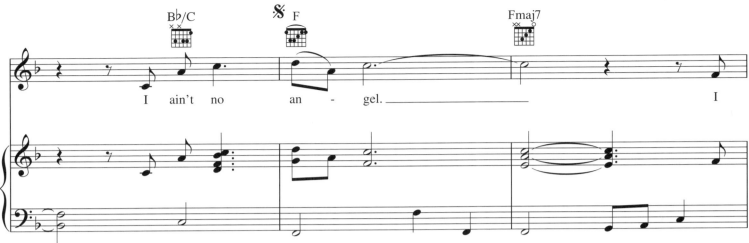

I ain't no an - gel. _____ I

still got a few more danc - es with the dev - il. _____

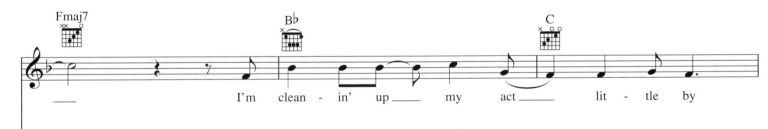

_____ I'm clean - in' up _____ my act _____ lit - tle by

lit - tle. I'm get - tin' there. I can fi - n'ly stand _____ the man _____

in the mir - ror I ____ see. ____ I ain't as good as I'm

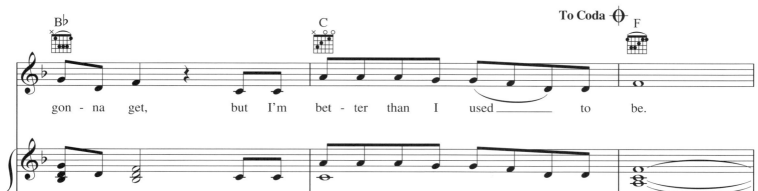

gon - na get, but I'm bet - ter than I used ____ to be.

I've pinned a lot of de - mons

to the ground. ____ Got a few old ____ hab - its left.

But there's still one or two ___ I might need you ___ to help ___

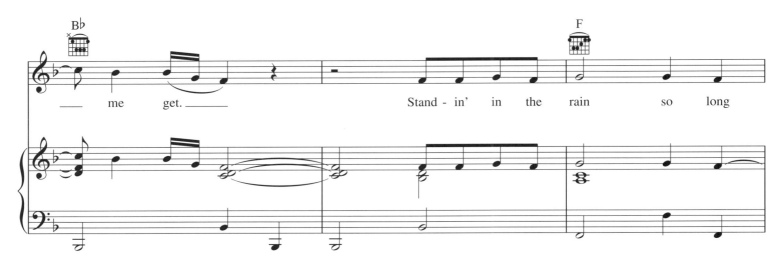

___ me get. ___ Stand - in' in the rain so long

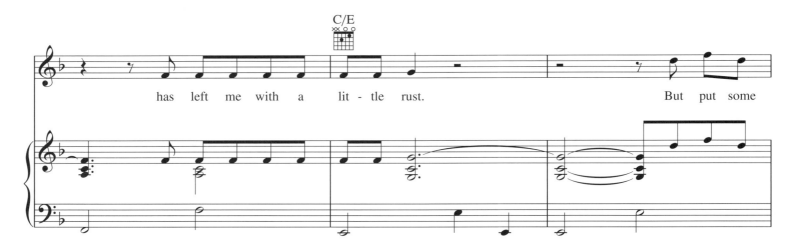

has left me with a lit - tle rust. But put some

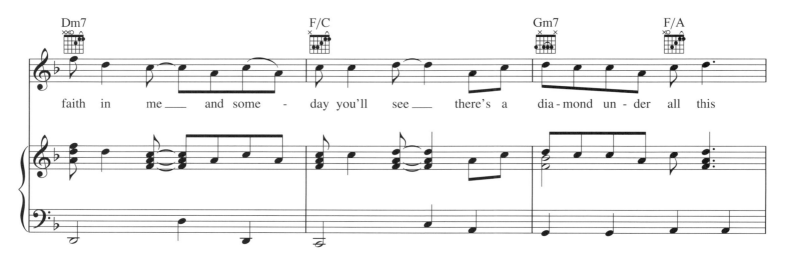

faith in me ___ and some - day you'll see ___ there's a dia - mond un - der all this

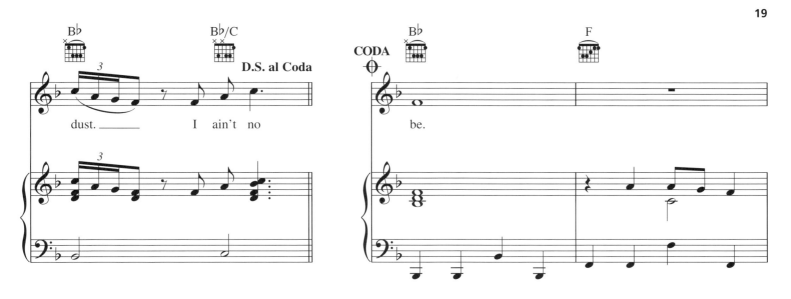

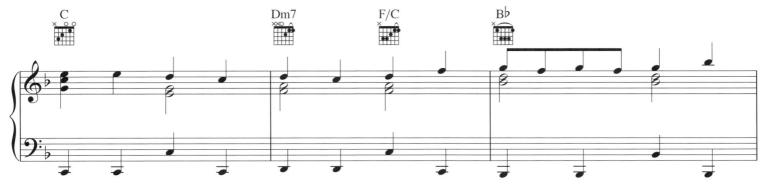

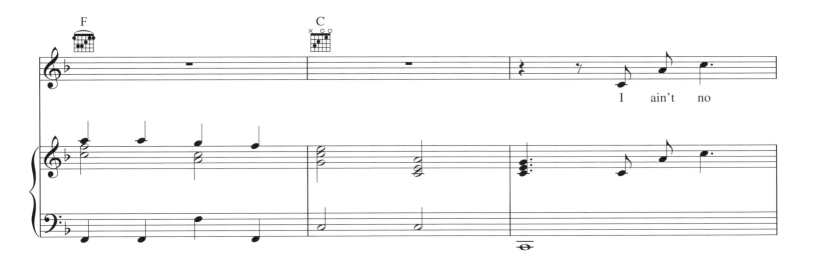

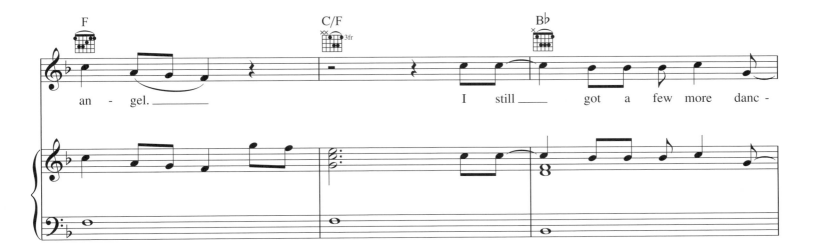

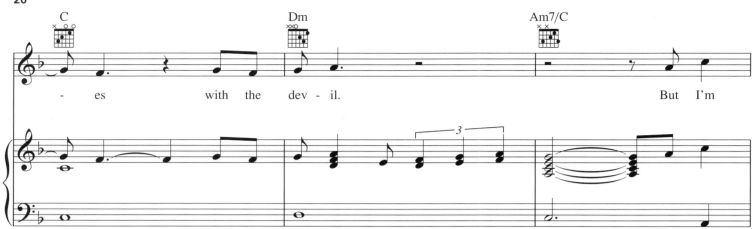

- es with the dev - il. But I'm

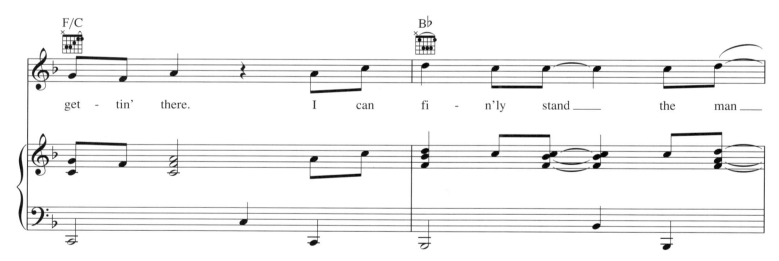

clean - in' up ___ my act ___ lit - tle by lit - tle. I'm

get - tin' there. I can fi - n'ly stand ___ the man ___

___ in the mir - ror I ___ see. ___

I ain't as good as I'm gon-na get, but I'm bet-ter than I used _____

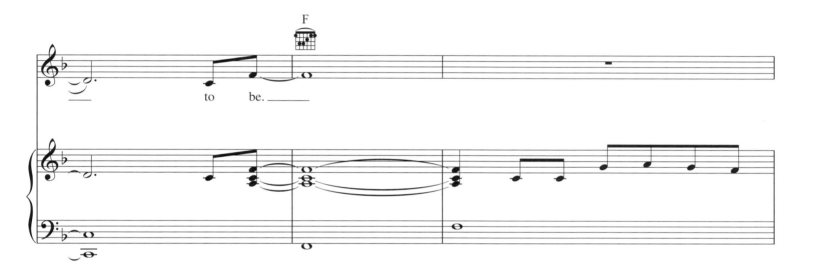

to be. _____

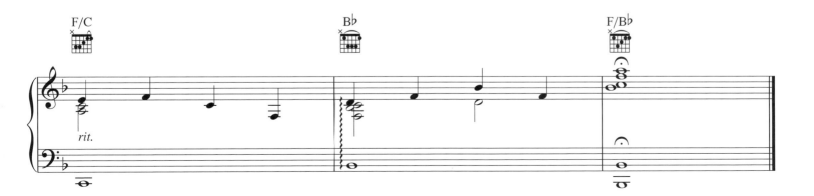

THE BREATH YOU TAKE

Words and Music by CASEY BEATHARD,
DEAN DILLON and JESSIE DILLON

Moderately slow

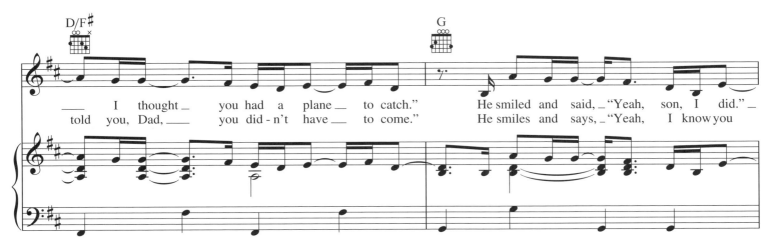

I thought __ you had a plane __ to catch." He smiled and said, _ "Yeah, son, I did." _
told you, Dad, ___ you did-n't have __ to come." He smiles and says, _ "Yeah, I know you

did." } But life's not the breath __ you take, the breath -

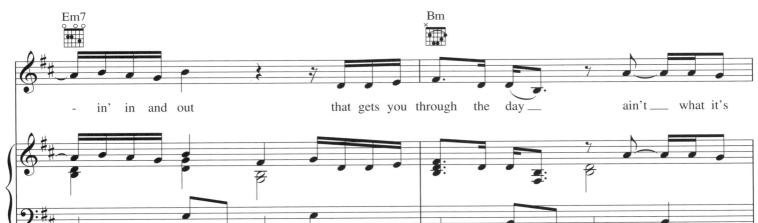

- in' in and out that gets you through the day __ ain't __ what it's

all _____ a - bout. You just might miss the point _ { (1.,2.) try'n' to
{ (D.S.) if you don't slow

24

To Coda ⊕

win the race. ⌐
down the pace. ⌐   Life's not the breaths you take, ⎯   but the

mo - ments that take ⎯ your breath a - way. ⎯⎯

mo - ments that take ⎯ your breath a - way. ⎯⎯   Just like it took ⎯ my

Fast

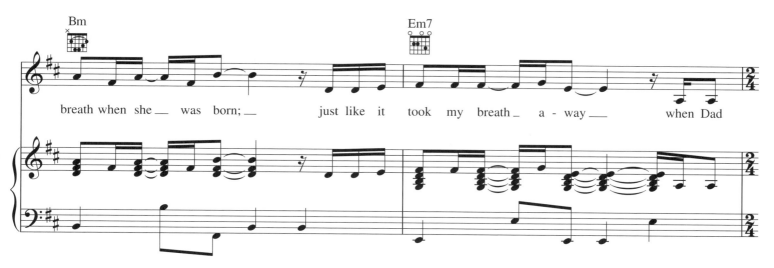

breath when she __ was born; __ just like it took my breath __ a - way __ when Dad

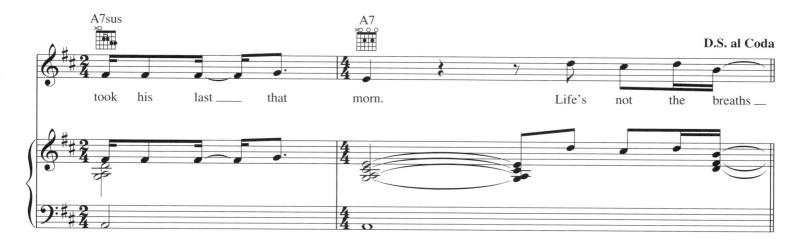

took his last ___ that morn. Life's not the breaths __

D.S. al Coda

CODA mo - ments that take __ your breath a - way. __

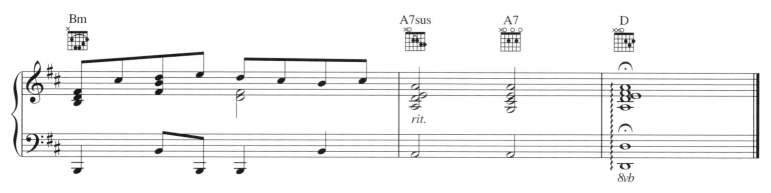

BRING ON THE RAIN

Words and Music by BILLY MONTANA
and HELEN DARLING

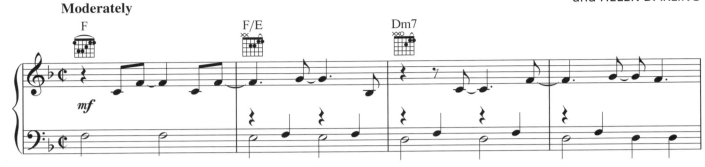

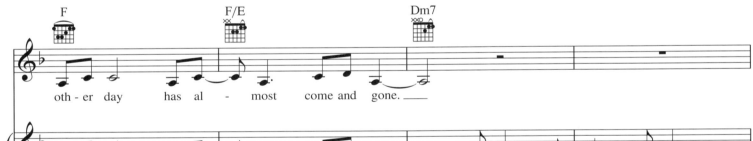

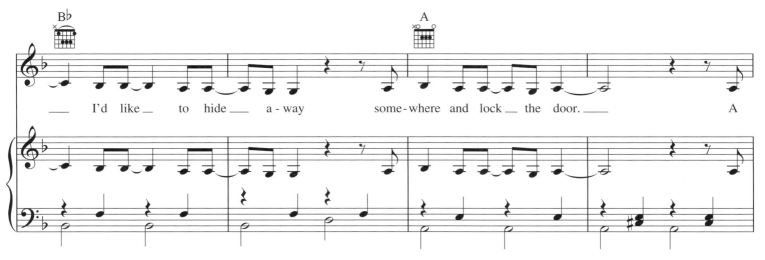

I'd like __ to hide __ a - way some-where and lock __ the door. __ A

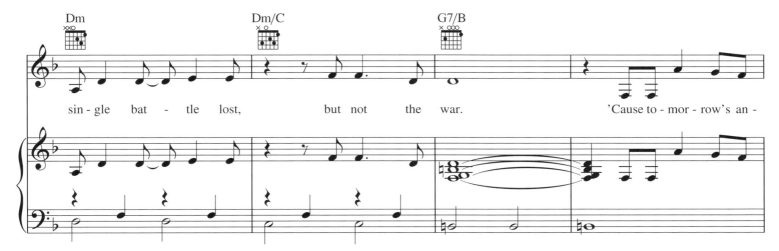

sin - gle bat - tle lost, but not the war. 'Cause to - mor - row's an -

oth - er day and I'm thirst - y an - y - way, so bring on the

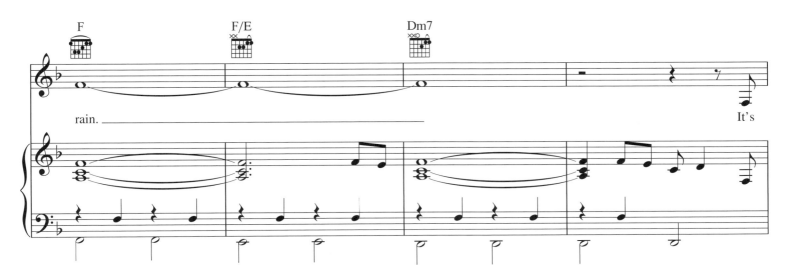

rain. _____ It's

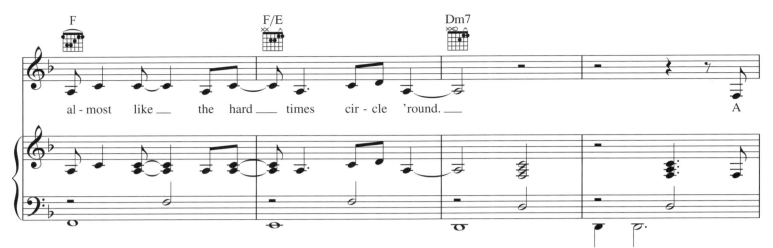

al - most like __ the hard __ times cir - cle 'round. __ A

cou - ple drops and they all start com - in' down. _____ Yeah, I __

__ might feel __ de - feat - ed and I __ might hang __ my head. __ I

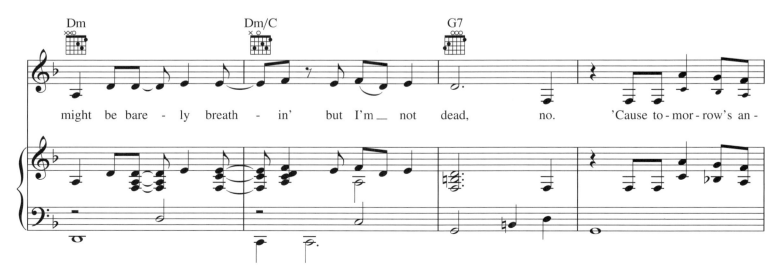

might be bare - ly breath - in' but I'm __ not dead, no. 'Cause to - mor - row's an -

oth-er day _____ and I'm thirst-y an-y-way, _____ so bring on the

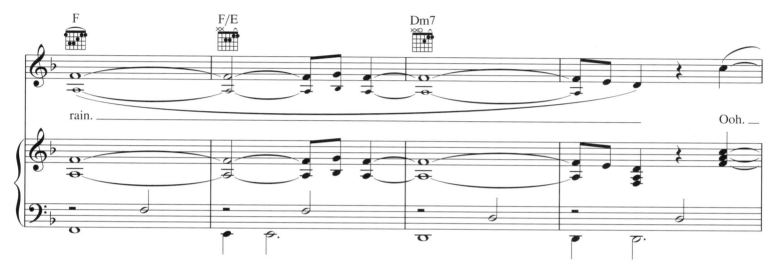

rain. _____ Ooh. __

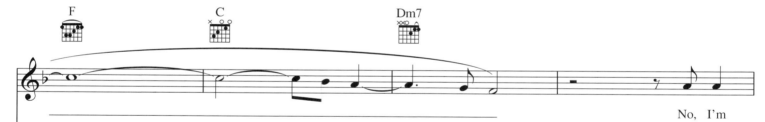

No, I'm

not gon-na let it get ____ me down, _____ I'm not gon-na cry. ____ And I'm

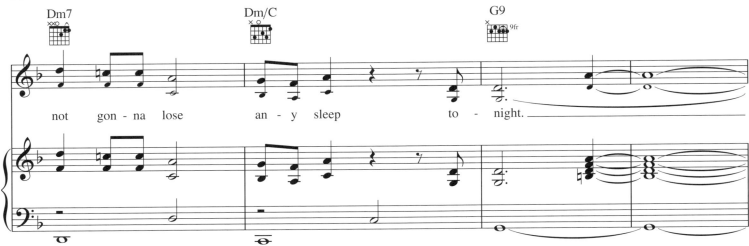

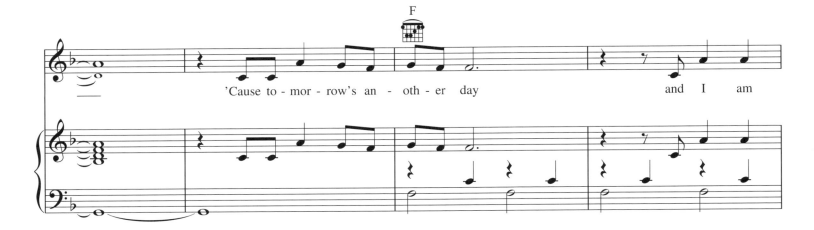

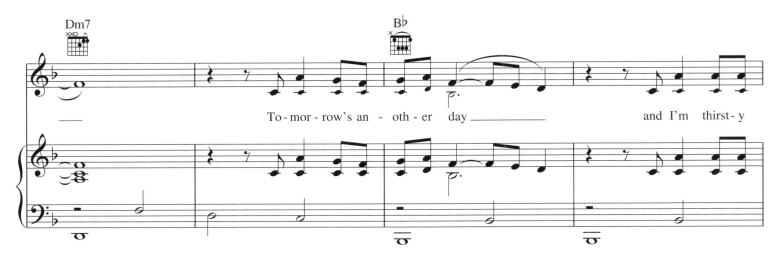

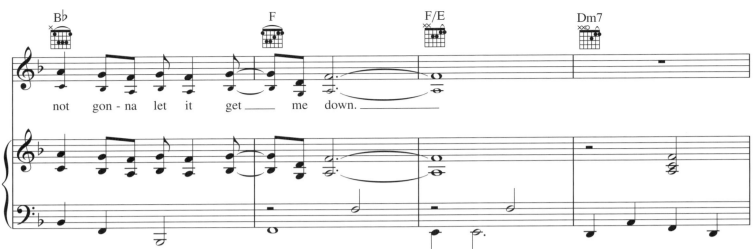

not gon - na let it get ____ me down. _____

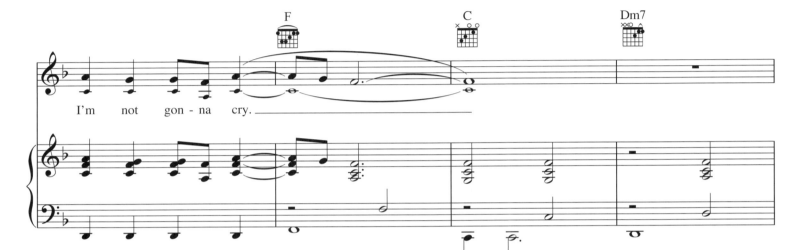

I'm not gon - na cry. _____

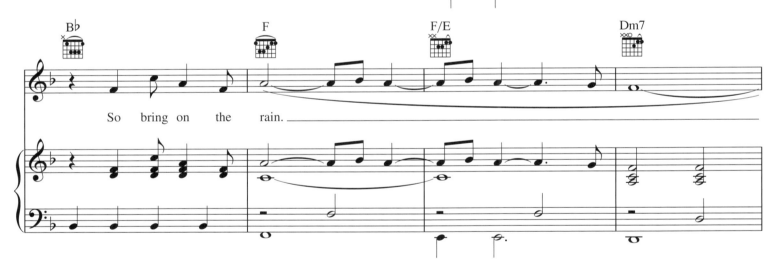

So bring on the rain. _____

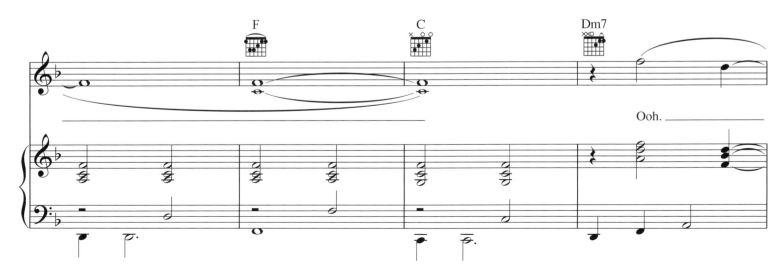

Ooh. _____

GOD GAVE ME YOU

Words and Music by
DAVE BARNES

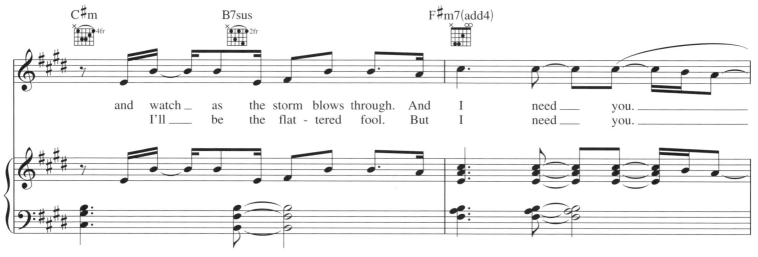

and watch __ as the storm blows through. And I need __ you. _____
I'll __ be the flat - tered fool. But I need __ you. _____

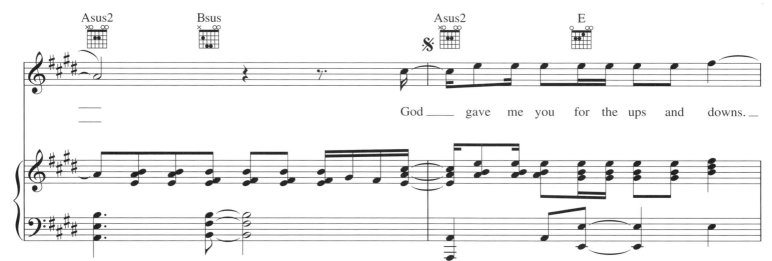

__ God __ gave me you for the ups and downs. __

__ God __ gave me you for the days of doubt. __

__ For when I think __ I've __ lost my way, there are no words __

here __ left to say. It's true: _____

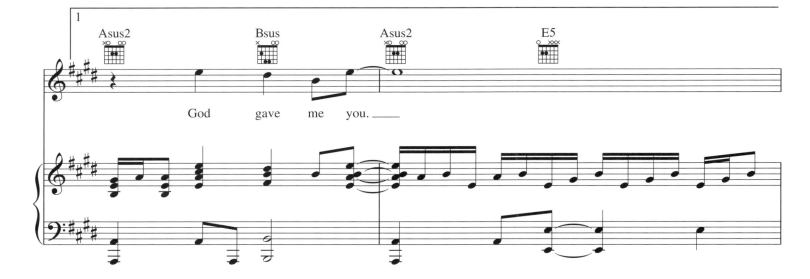

God gave me you. __

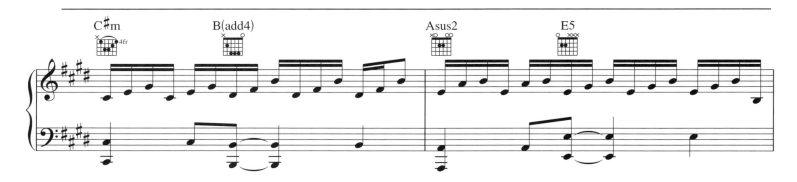

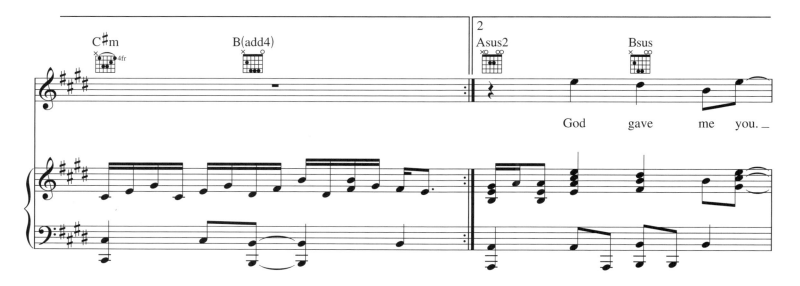

God gave me you. __

On my own,_ I'm on-ly half of what_ I could_ be. I_

_____ can't do with-out _____ you. _____

We are stitched_ to-geth-er; and what love_ has teth-ered, I_

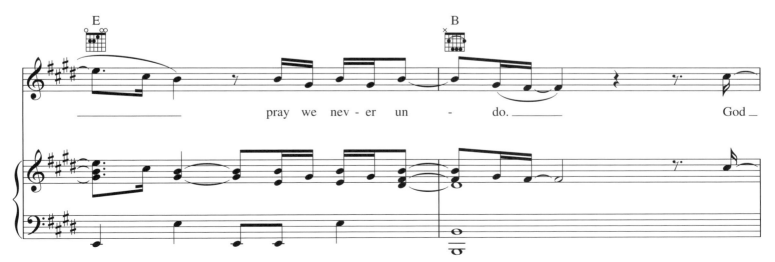

_____ pray we nev-er un-do. _____ God_

N.C.

_ gave me you for the ups and downs. _____ God _

D.S. al Coda

_ gave me you for the days of doubt. _____ God _

CODA

Asus2   Bsus   Asus2   E5

God gave me you, _____

C#m   B(add4)   Asus2   E5

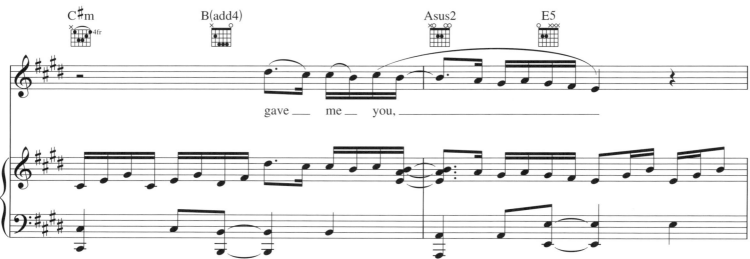

gave _ me _ you, _____

gave __ me   you. _____

HELLO WORLD

Words and Music by TOM DOUGLAS,
TONY LANE and DAVID LEE

Moderately fast

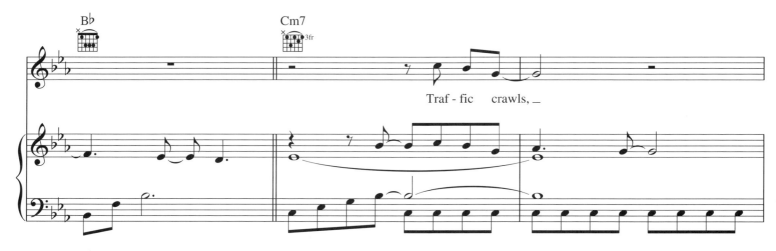

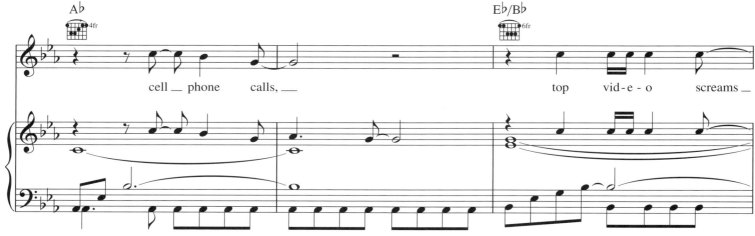

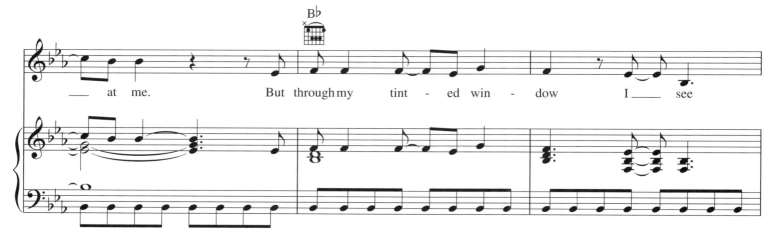

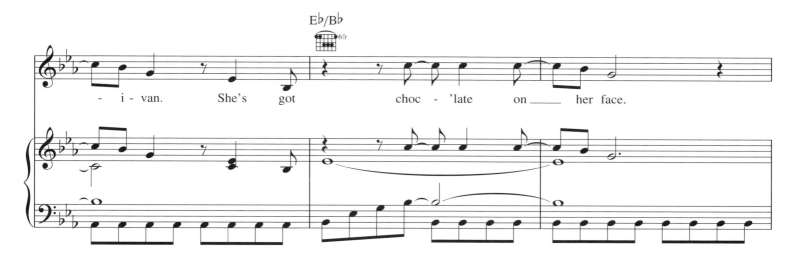

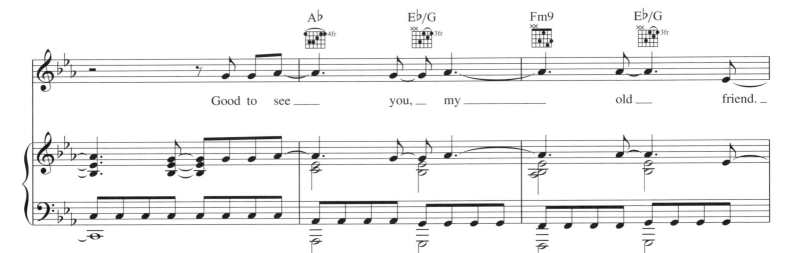

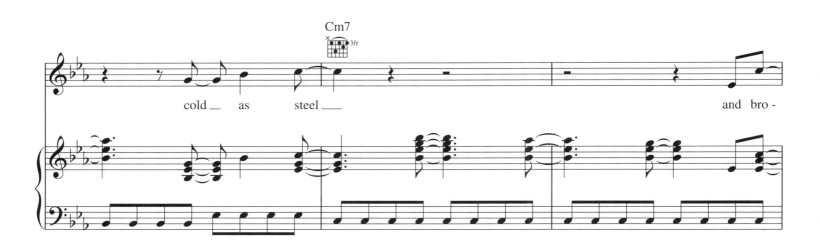

-ken like __ I'm nev-er gon - na heal. _____

Now I see a light, __ a lit-tle hope __ in a lit-tle girl.

Oh, hel-lo, world. __

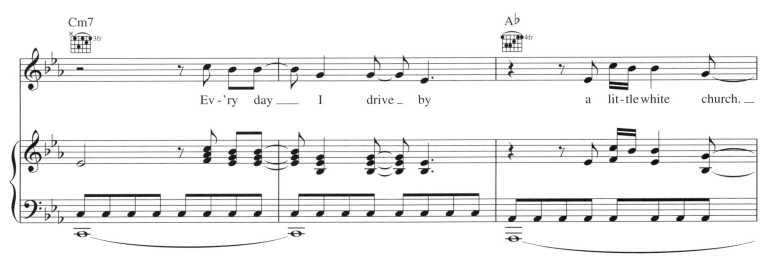

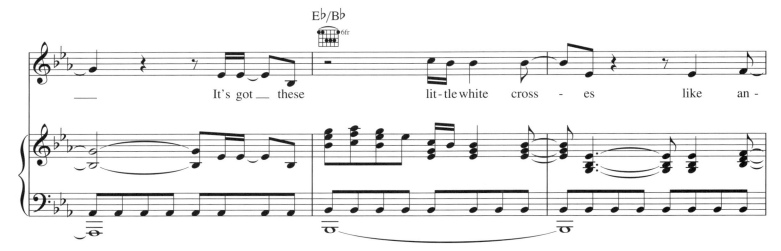

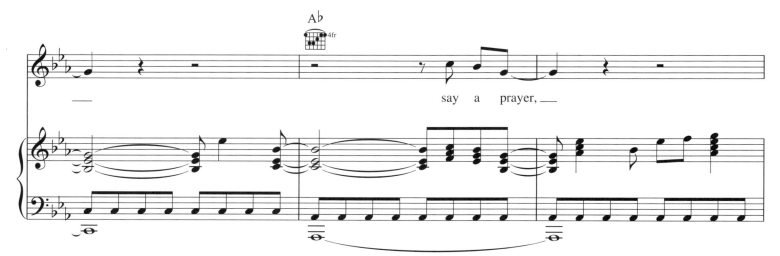

may-be talk to God _____ like He is there. _____

_____ Oh, I _____ know He's there. _ Yeah, I _____

_____ know He's there. _ Well, hel-lo, world. _____

How you been? _____ Good to see _

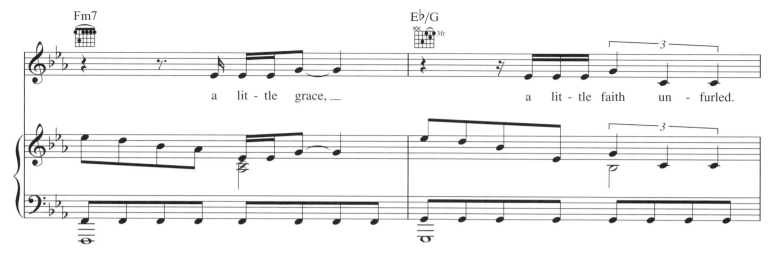

a lit - tle grace, ___ a lit - tle faith un - furled.

And hel - lo, world.

Some - times I _____ for - get ___ what liv - in's for. And I hear __

__ my life __ through my front door. And I'm breath- in' in. __

48

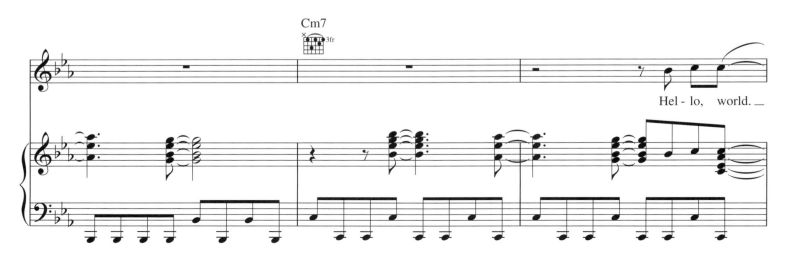

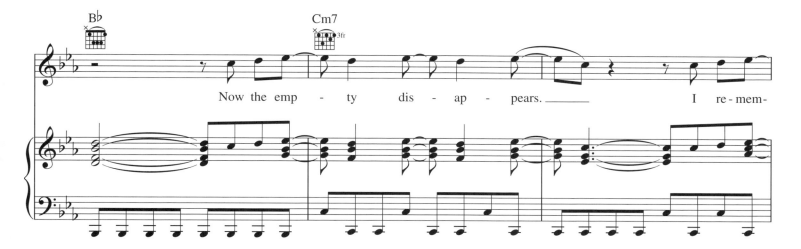

Now the emp - ty dis - ap - pears._____ I re-mem-

- ber why _ I'm here._____ Just sur - ren - der and _ be - lieve. _

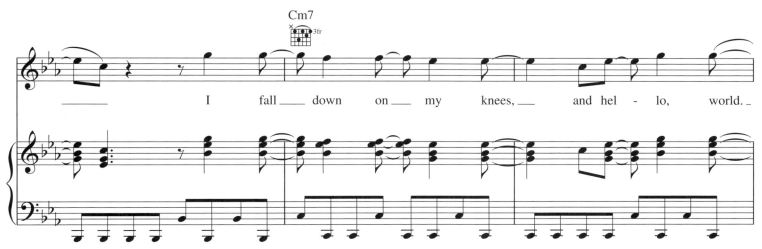

_____ I fall _ down on _ my knees, _ and hel - lo, world. _

Hel - lo, world. _____

Hel - lo, world. _____

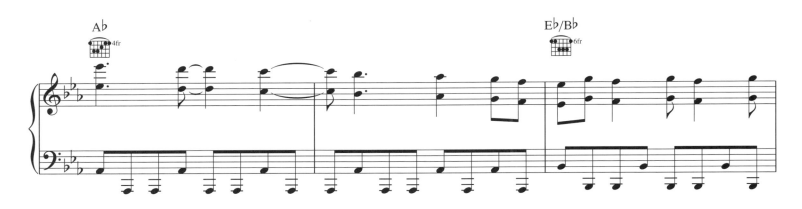

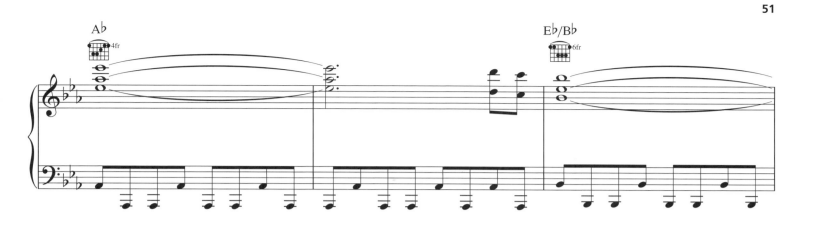

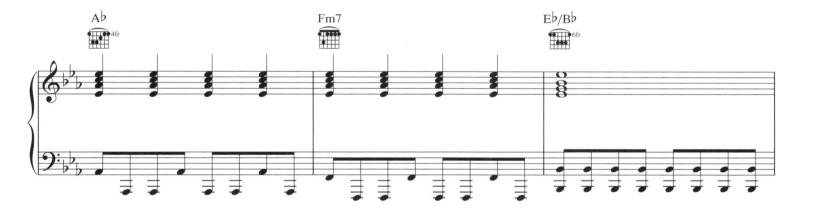

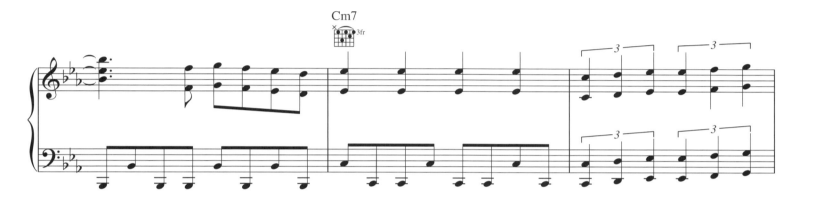

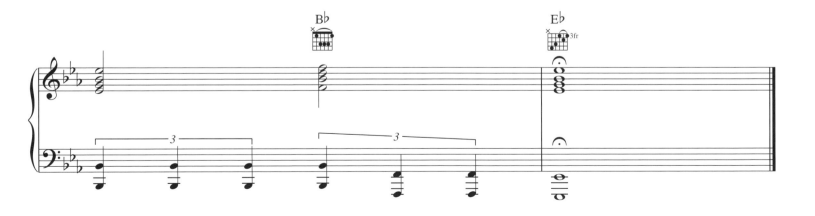

I SAW GOD TODAY

Words and Music by RODNEY CLAWSON,
MONTY CRISWELL and WADE KIRBY

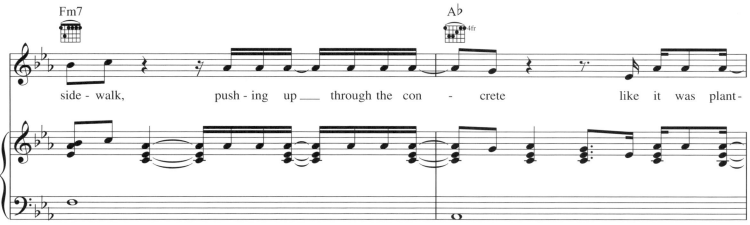

side - walk, push - ing up ___ through the con - crete like it was plant-

- ed right ___ there ___ for me ___ to see. The flash - ing lights, ___ the honk - ing horns ___

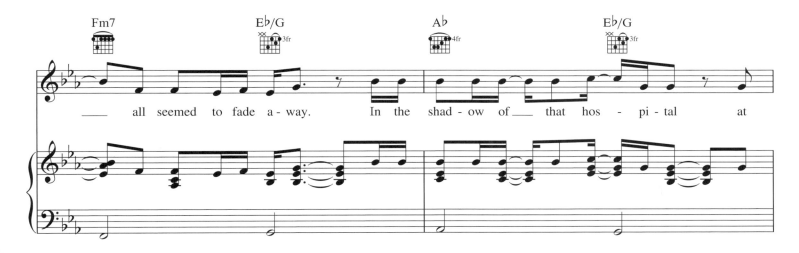

___ all seemed to fade a - way. In the shad - ow of ___ that hos - pi - tal at

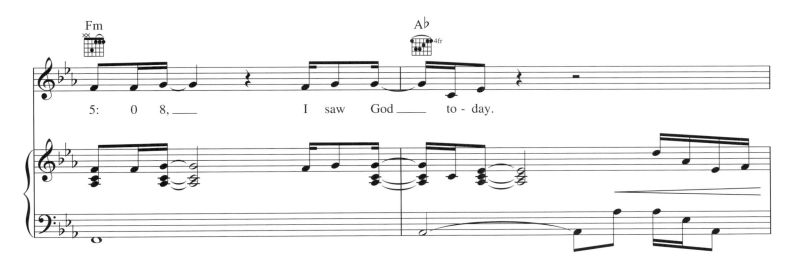

5: 0 8, ___ I saw God ___ to - day.

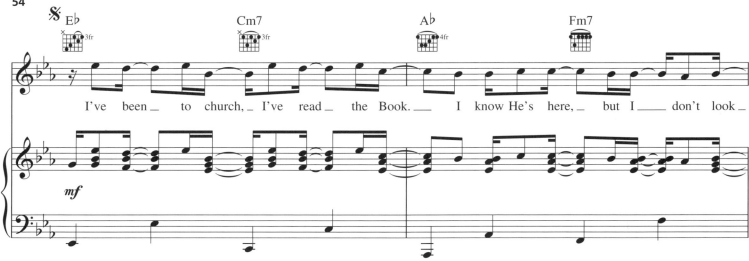

I've been __ to church, __ I've read __ the Book. __ I know He's here, __ but I __ don't look __

__ near as of-ten as __ I should, _____ Yeah, I know I should.

His fin-ger-prints __ are ev-'ry-where; __ I just slowed down __ to stop __ and stare. __

__ O-pened my eyes, __ and man, __ I swear, _____ I saw God __ to-day.

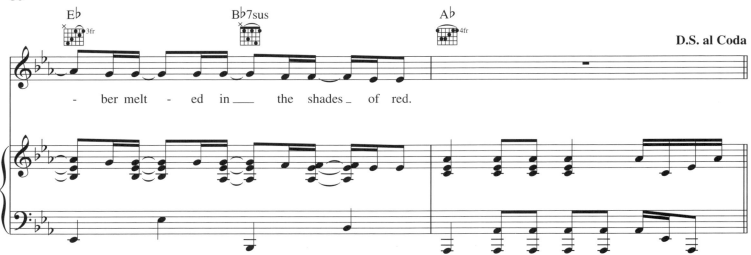

D.S. al Coda

- ber melt - ed in ___ the shades _ of red.

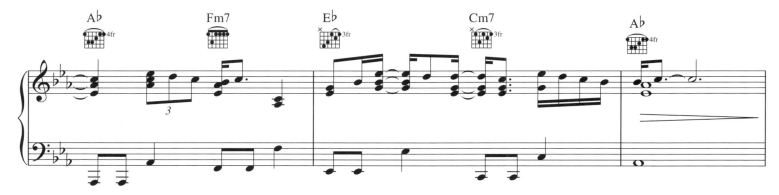

CODA

_____ I saw God ___ to - day. ___

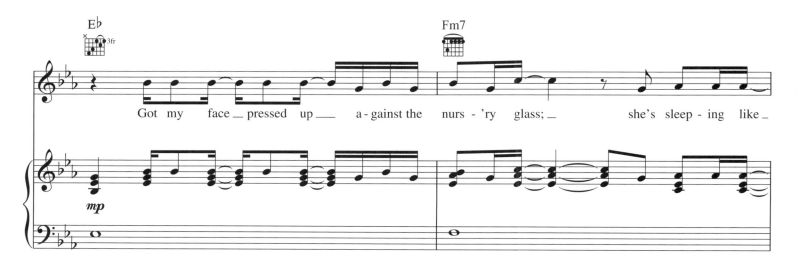

Got my face _ pressed up _ a - gainst the nurs - 'ry glass; _ she's sleep - ing like _

a rock, ___ my name on ___ her wrist, ___ wear-ing ti - ny pink ___ socks.

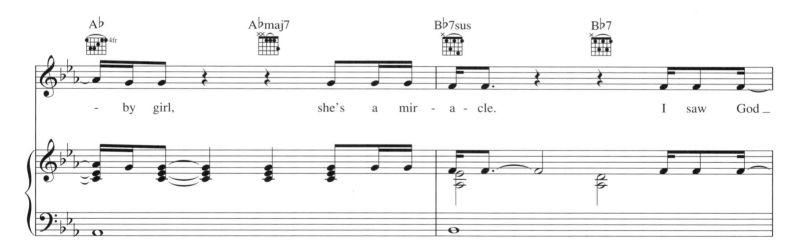

She's got my nose, ___ she's got her ma - ma's eyes. My brand - new ba -

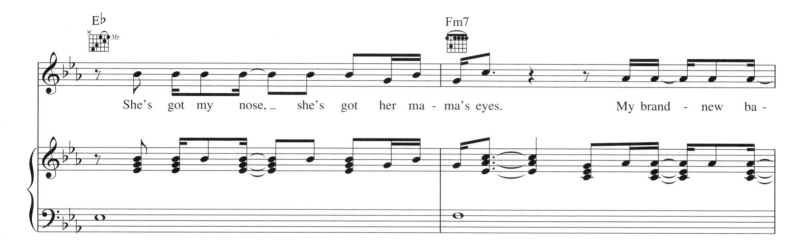

- by girl, she's a mir - a - cle. I saw God ___

___ to - day.

I WON'T LET GO

Words and Music by JASON SELLERS
and STEVE ROBSON

but you're not lost, on your

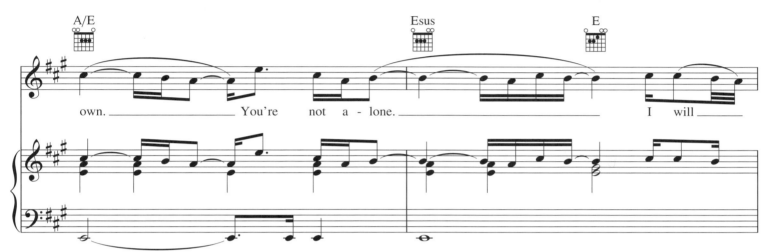

own. You're not a - lone. I will

stand by you. I will help you through when you've

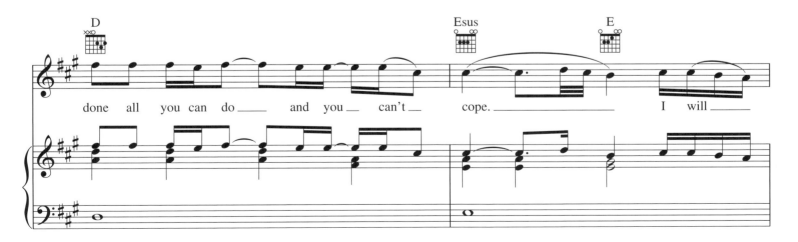

done all you can do and you can't cope. I will

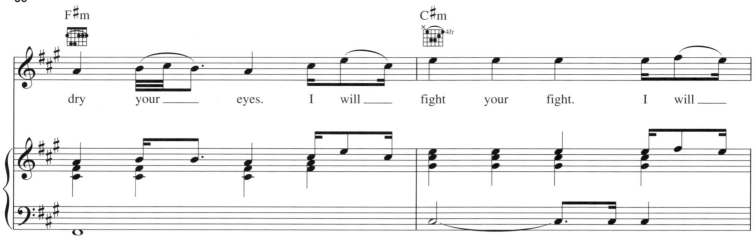

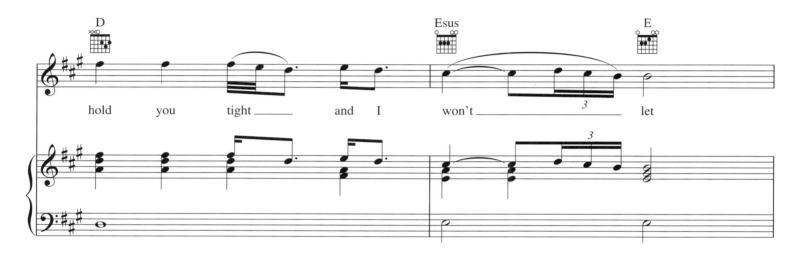

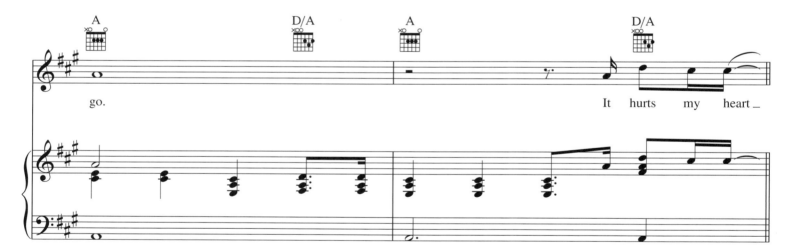

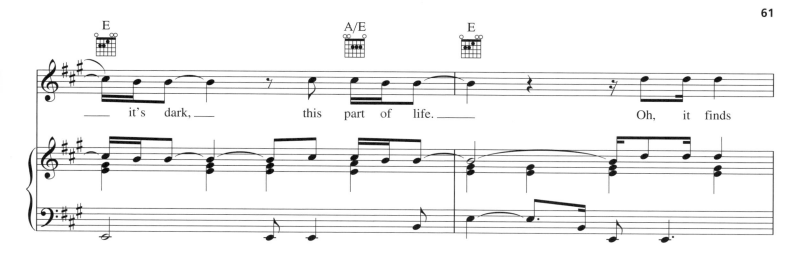

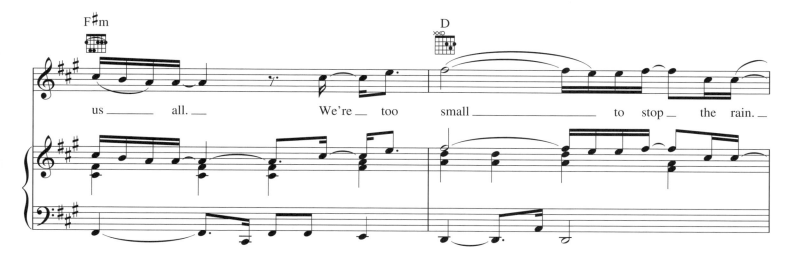

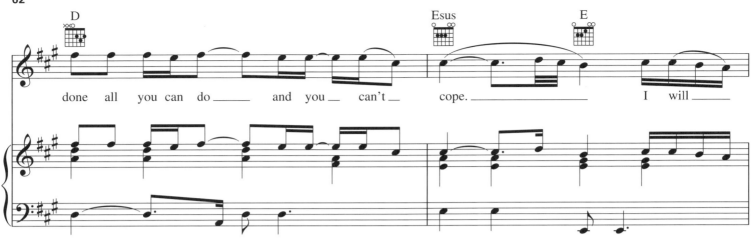

done all you can do _____ and you __ can't __ cope. _____ I will _____

dry your eyes. I will __ fight your fight. I will __ hold you tight __ and I

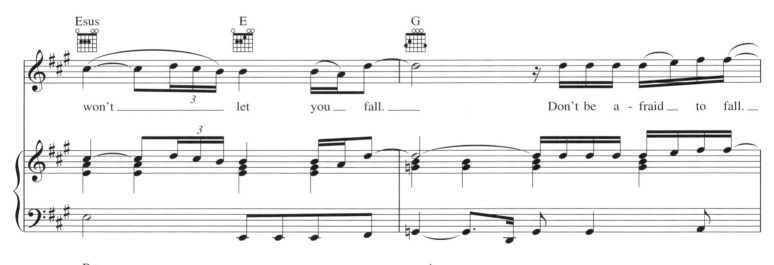

won't _____ let you __ fall. ____ Don't be a - fraid __ to fall. __

_____ I'm right here __ to catch __ you. __ I won't let you __ down. __

It won't get you down. _____ You're gon - na make _____

it. _____ Yeah, I know you can make _____ it. 'Cause I will _____

stand by you. I will __ help you through when you've __ done all you can do ____ and you __ can't __

cope. _____ And I will dry _____ your _____ eyes. I will __

64

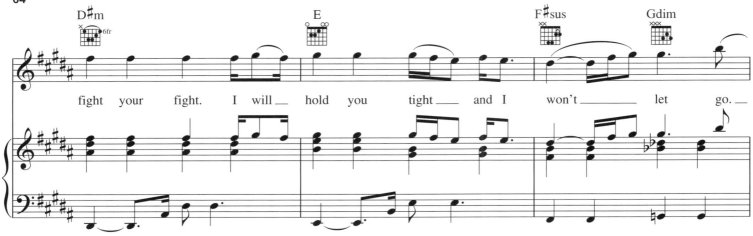

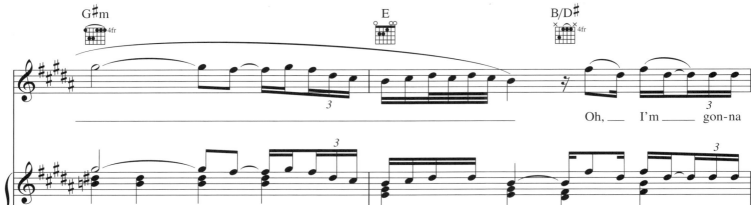

DON'T BLINK

Words and Music by CASEY BEATHARD
and CHRIS WALLIN

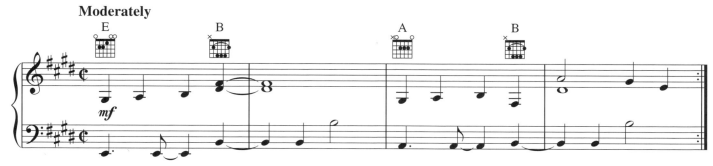

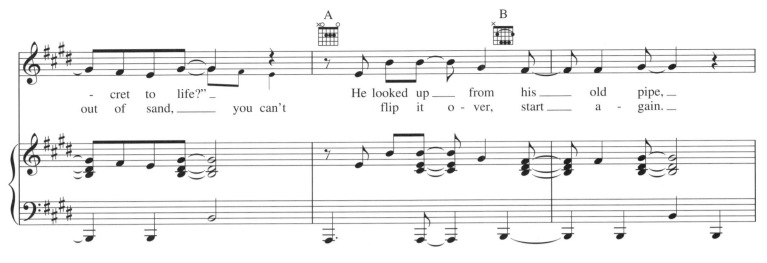

-cret to life?" He looked up ___ from his ___ old pipe,
out of sand, ___ you can't flip it o-ver, start ___ a - gain.

laughed and said, ___ "All I ___ can say ___ is:
Take ev-'ry breath God gives ___ you for what it's worth. ___

Don't ___ blink. Just ___ like that, ___ you're six ___

___ years old ___ and you take a nap and you wake up ___ and you're twen-

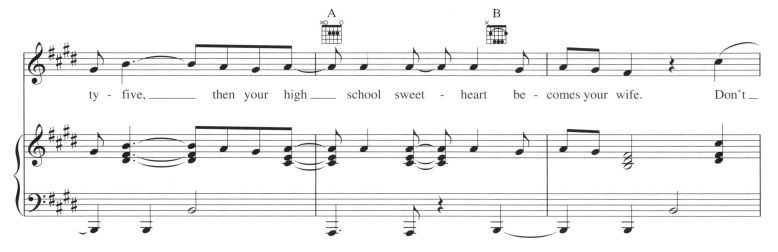

ty - five, _____ then your high _____ school sweet - heart be - comes your wife. Don't _

_ blink. You just _____ might miss _____ your ba - bies grow - in' like _

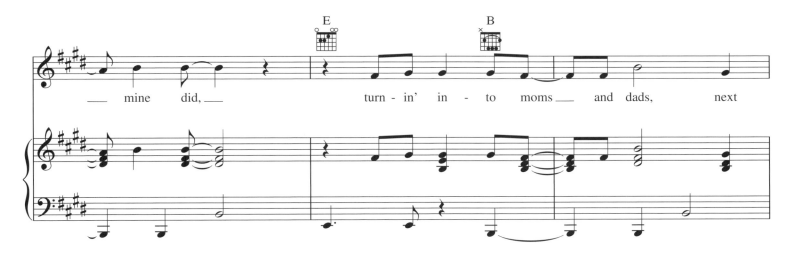

_ mine did, ___ turn - in' in - to moms ___ and dads, next

thing you know, _ your bet - ter half of fif - ty years _____ is there _

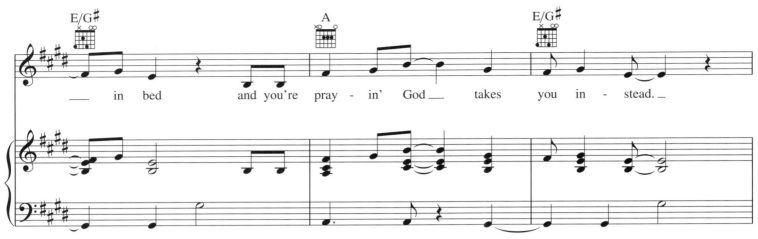

in bed and you're pray - in' God __ takes you in - stead. __

Trust me, friend, __ a hun - dred years __ goes fast - er than __ you think. __

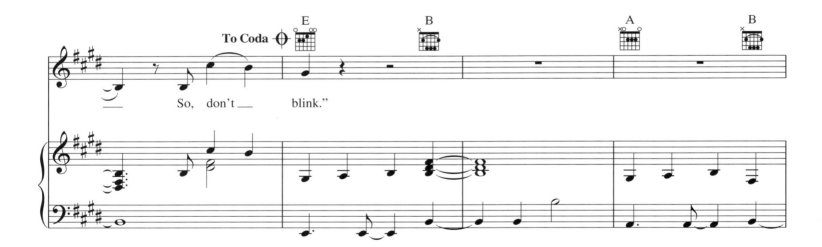

To Coda ⊕

So, don't __ blink."

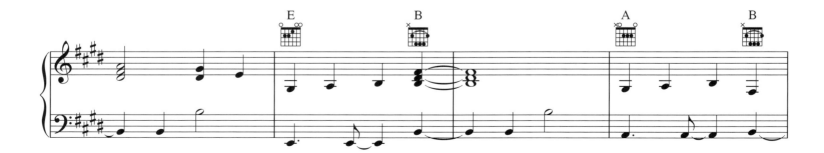

So, I've been try'n' to slow it down,

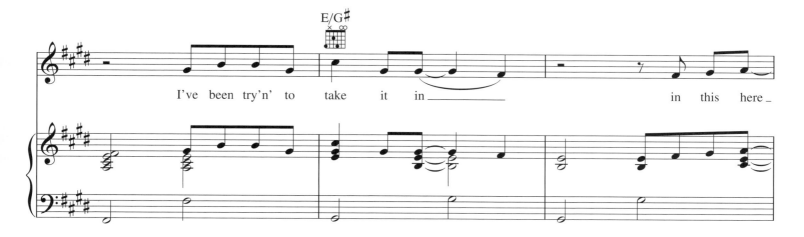

I've been try'n' to take it in _____ in this here _

_ to - day, gone to - mor - row world _ we're liv - in' in. _____

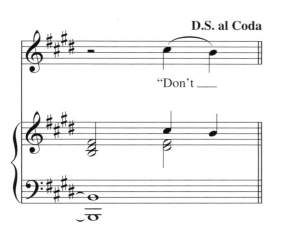

D.S. al Coda

"Don't ___

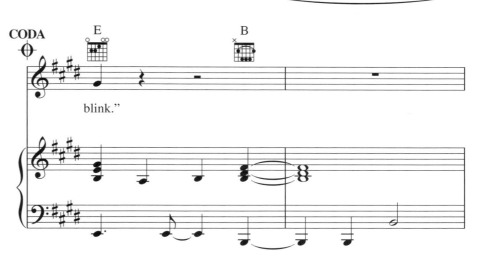

CODA

blink."

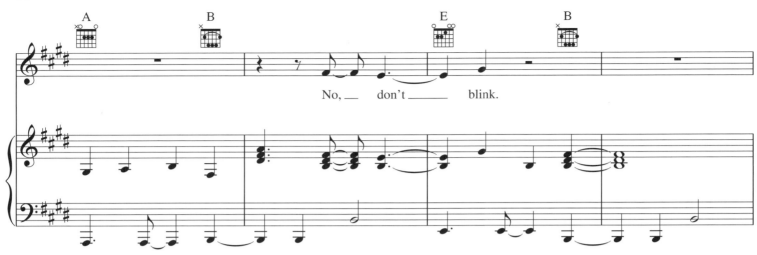

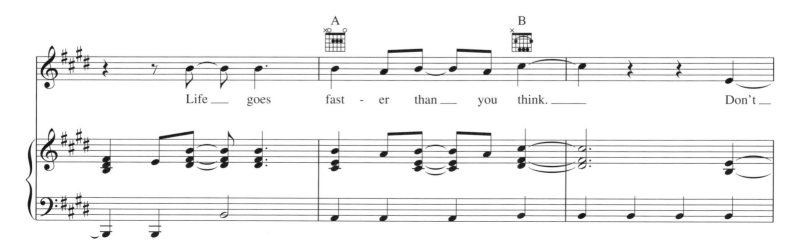

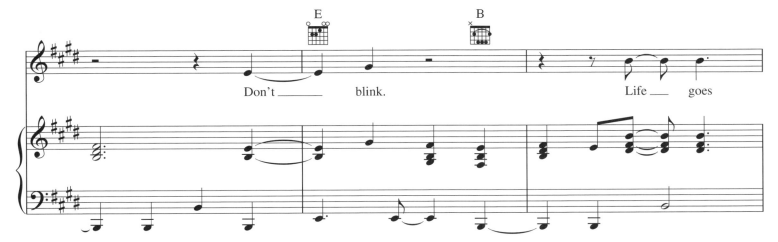

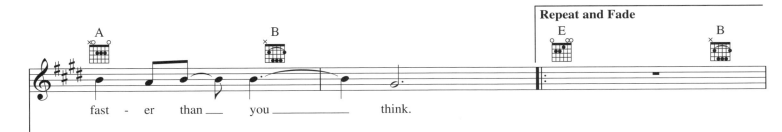

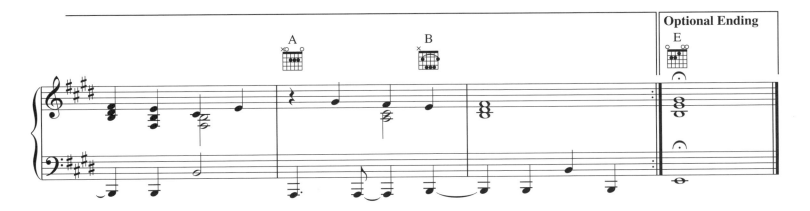

IF HEAVEN

Words and Music by
GRETCHEN PETERS

Slowly

If heav-en was an hour, __ it would be twi - light
If heav-en was a pie, __ it would be cher - ry,

when the fire -
so cool __

- flies start their danc - in' on the lawn. __
__ and sweet, and heav - y on the tongue. __

And sup-per's on the stove, __ and Mam-ma's laugh-in'.
And just one bite would sat - is - fy __ your hun - ger

and there'd

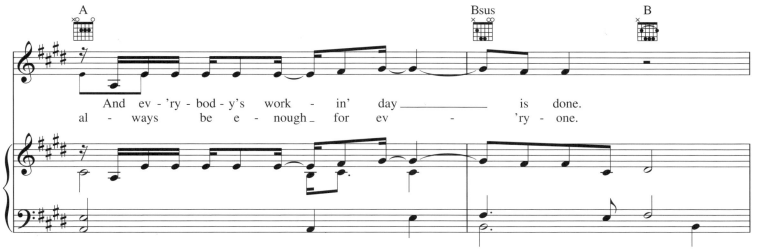

And ev - 'ry - bod - y's work - in' day _____ is done.
al - ways be e - nough __ for ev - 'ry - one.

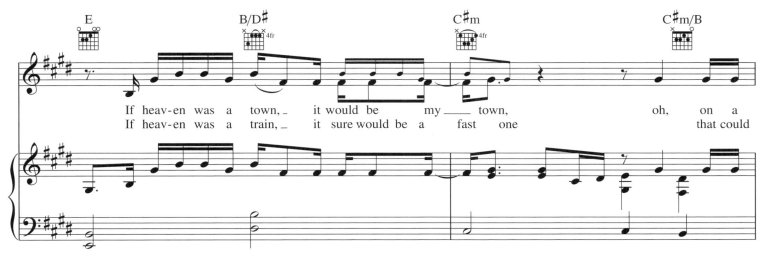

If heav-en was a town, _ it would be my __ town, oh, on a
If heav-en was a train, _ it sure would be a fast one that could

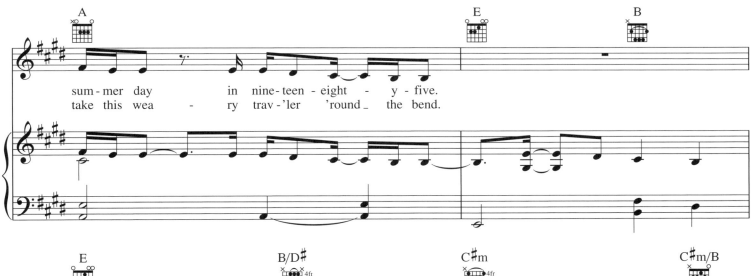

sum - mer day in nine - teen - eight - y - five.
take this wea - ry trav - 'ler 'round __ the bend.

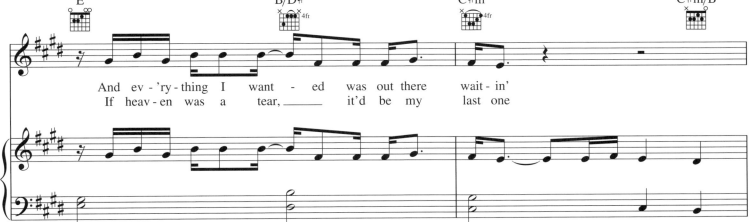

And ev - 'ry - thing I want - ed was out there wait - in'
If heav - en was a tear, _____ it'd be my last one

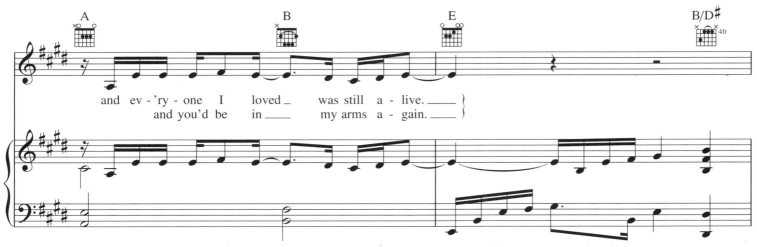

and ev - 'ry - one I loved _ was still a - live. _
and you'd be in _ my arms a - gain. _

Don't _ cry _ a tear _ for me, _ now, ba - by. There comes a time _ we all _

_ must say good - bye, _ and if that's what heav - en's

made of, _ you know I, I ain't a - fraid _ to

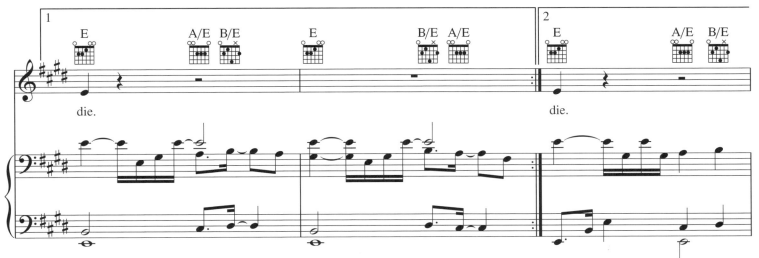

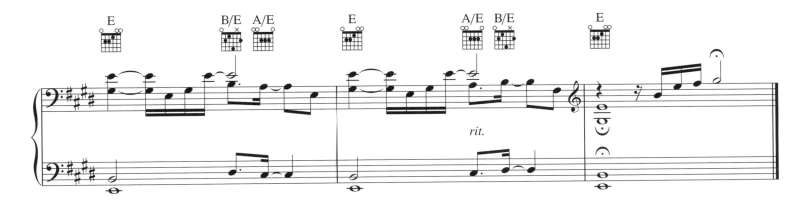

IF HEAVEN WASN'T SO FAR AWAY

Words and Music by ROBERT HATCH,
BRETT JONES and DALLAS DAVIDSON

Moderately

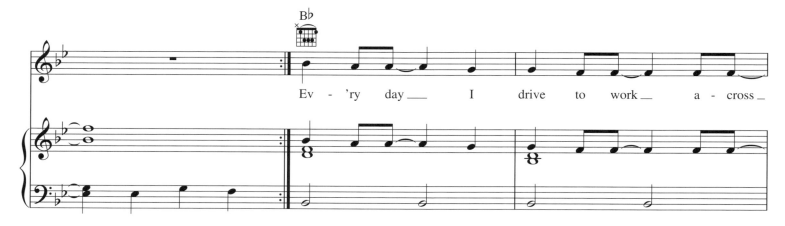

Ev - 'ry day ___ I drive to work ___ a - cross ___

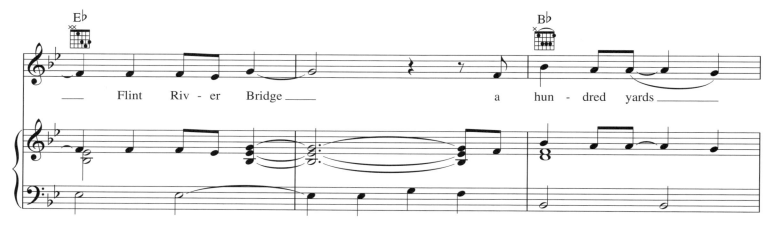

___ Flint Riv - er Bridge ___ a hun - dred yards ___

from the spot ___ where me and Grand - pa fished. ___ There's a

* Recorded a half step lower.

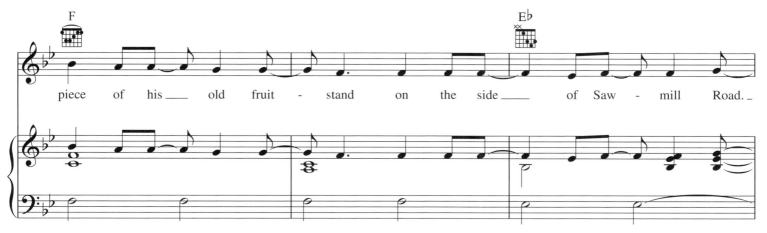

piece of his ___ old fruit - stand on the side ___ of Saw - mill Road. ___

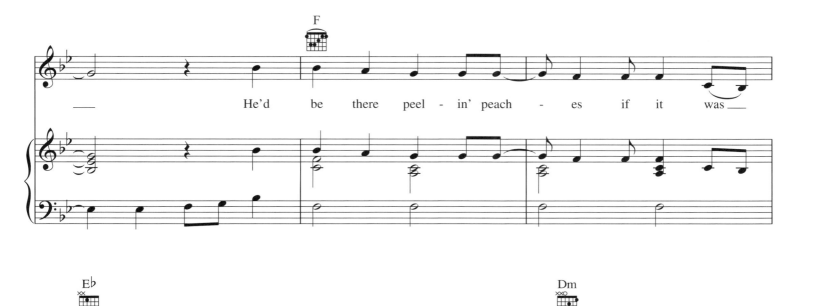

He'd be there peel - in' peach - es if it was ___

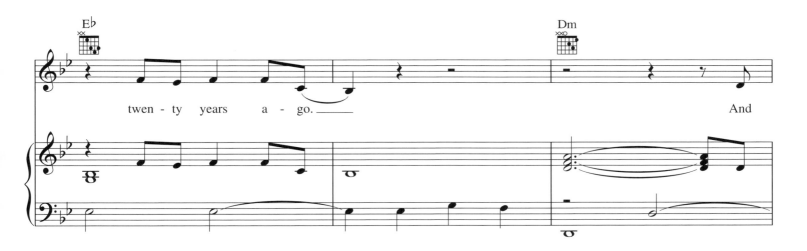

twen - ty years a - go. ___ And

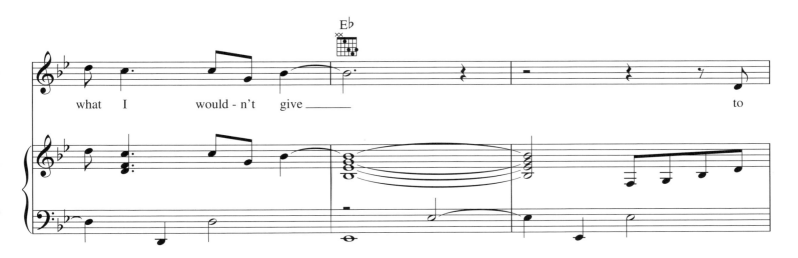

what I would - n't give ___ to

ride a - round ___ in that old truck with him. ___

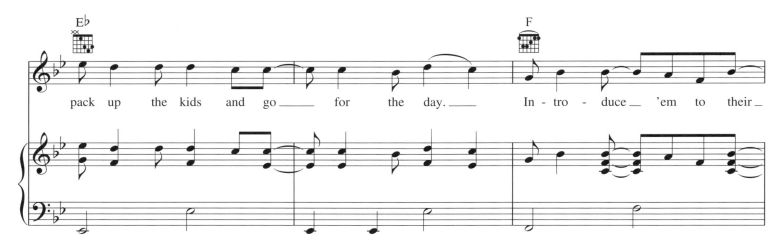

If heav - en was - n't so far a - way, ___ I'd

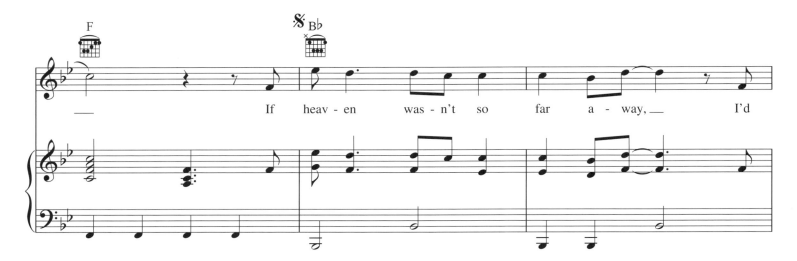

pack up the kids and go ___ for the day. ___ In - tro - duce ___ 'em to their ___

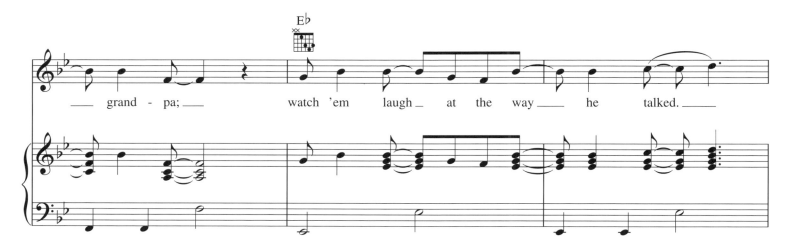

___ grand - pa; ___ watch 'em laugh ___ at the way ___ he talked. ___

Find my long lost cous-in John, the one we left ___ back in

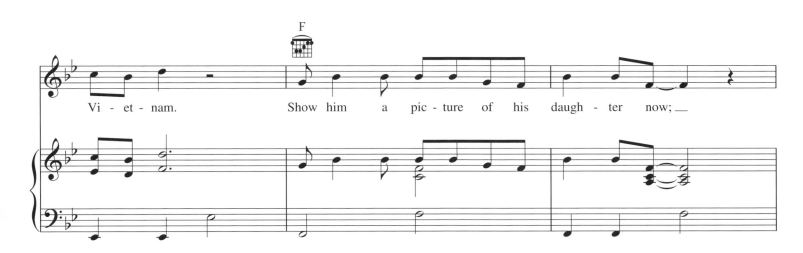

Vi - et - nam. Show him a pic-ture of his daugh-ter now; ___

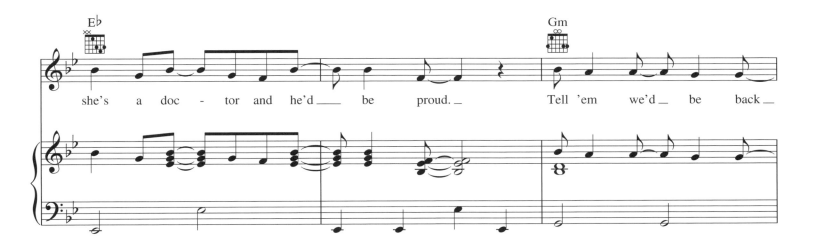

she's a doc - tor and he'd ___ be proud. ___ Tell 'em we'd ___ be back ___

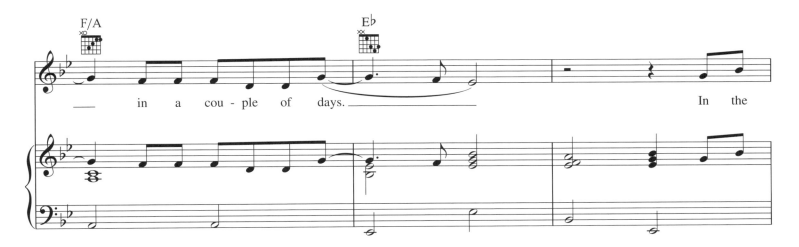

___ in a cou - ple of days. _____ In the

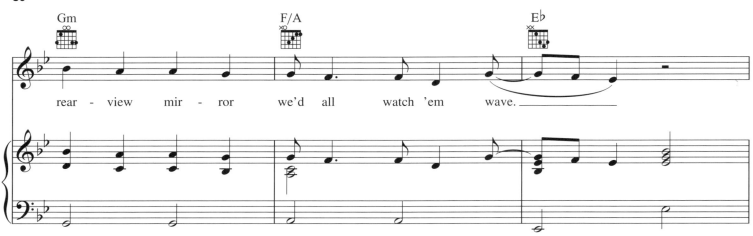

rear - view mir - ror we'd all watch 'em wave.____

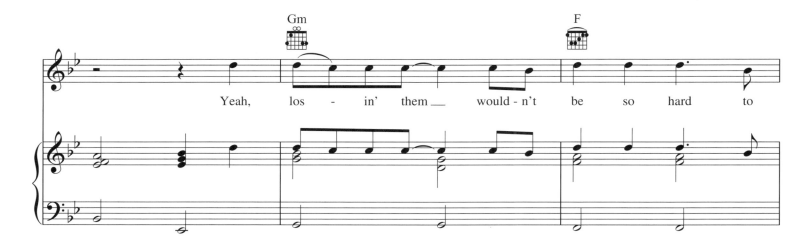

Yeah, los - in' them __ would - n't be so hard to

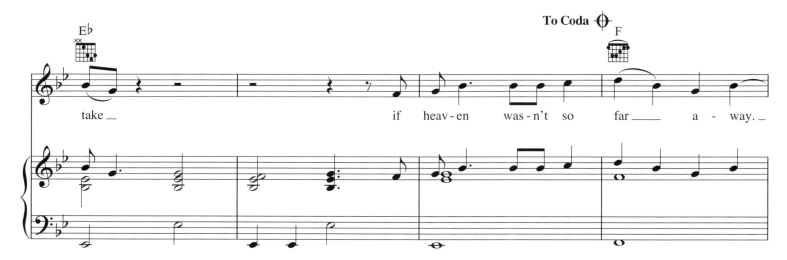

take __ if heav - en was - n't so far ____ a - way. __

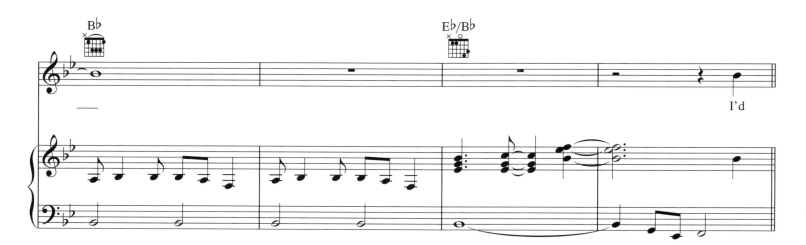

____ I'd

hug all three of those girls we lost ___ from the class of nine-ty-nine. ___

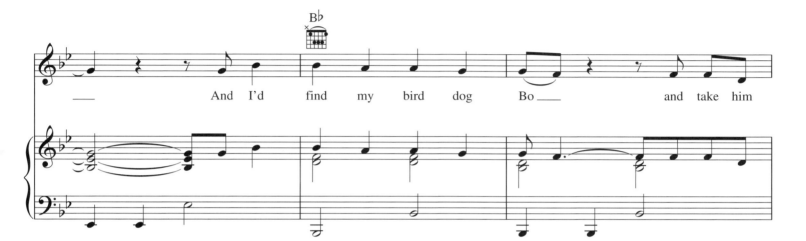

___ And I'd find my bird dog Bo ___ and take him

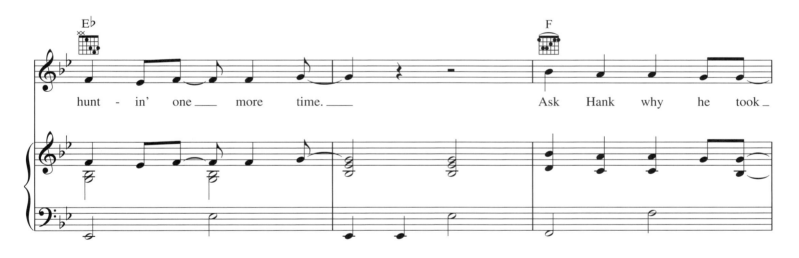

hunt - in' one ___ more time. ___ Ask Hank why he took _

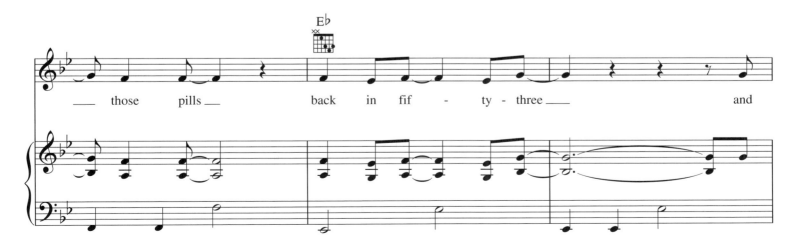

___ those pills ___ back in fif - ty - three ___ and

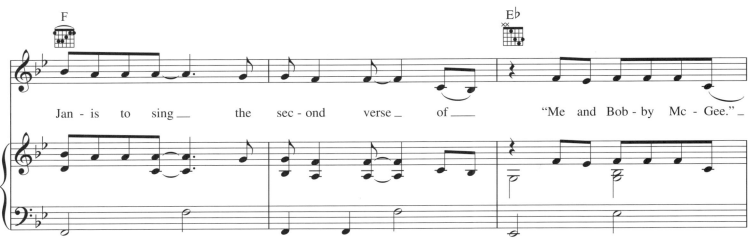

Jan - is to sing __ the sec - ond verse __ of __ "Me and Bob - by Mc - Gee." __

Sit on a cloud __ and vis - it for a while. __

It - 'd do me good just to see __ them

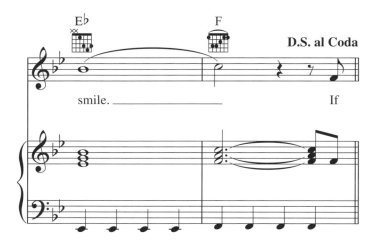

smile. _____ If

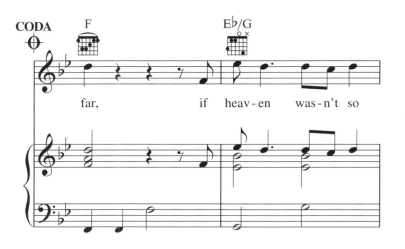

far, if heav - en was - n't so

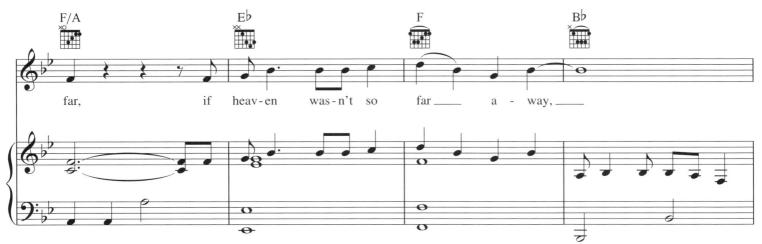

far, if heav-en was-n't so far ____ a - way, ____

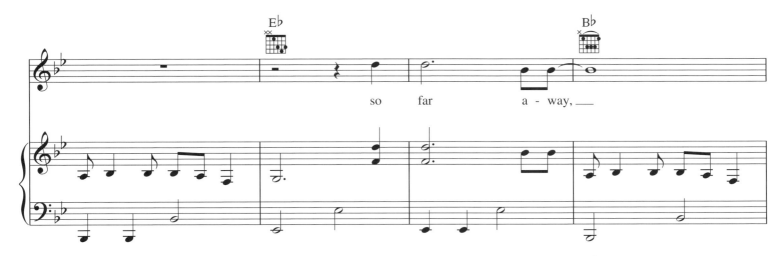

so far a - way, ____

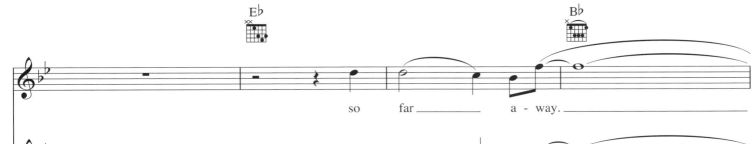

so far ____ a - way. ____

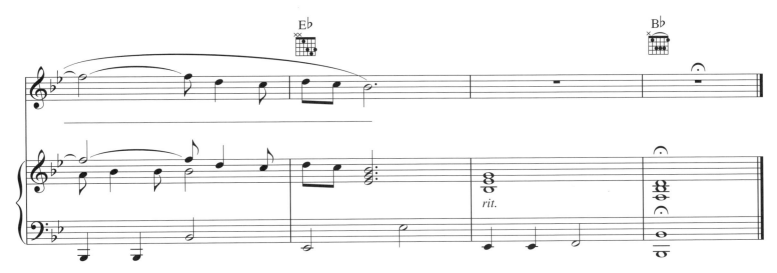

rit.

IF YOU'RE GOING THROUGH HELL
(Before the Devil Even Knows)

Words and Music by ANNIE TATE,
SAM TATE and DAVE BERG

Well, you know __ those times when you feel like there's a sign __ there on your back, says, "I

deep down in that __ dark - ness, I've been down __ to my last match. Felt a

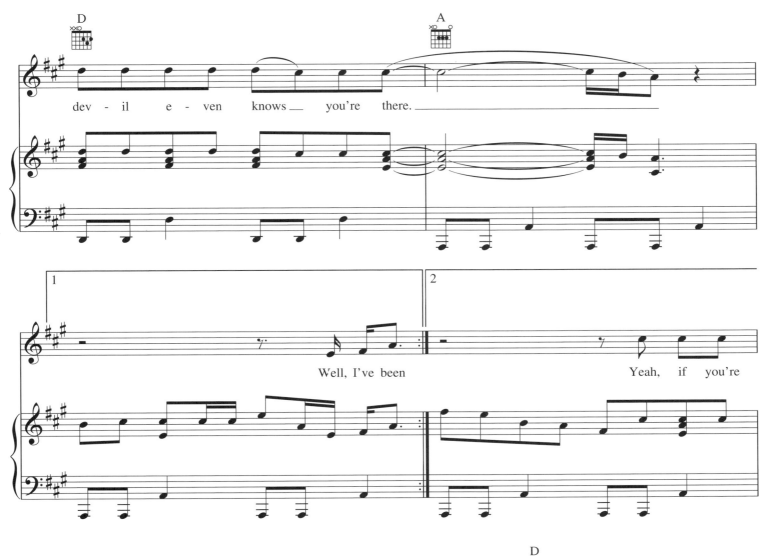

dev - il e - ven knows ___ you're there. ___

1. Well, I've been

2. Yeah, if you're

go - in' through hell, keep on mov - in', face that fire, ___

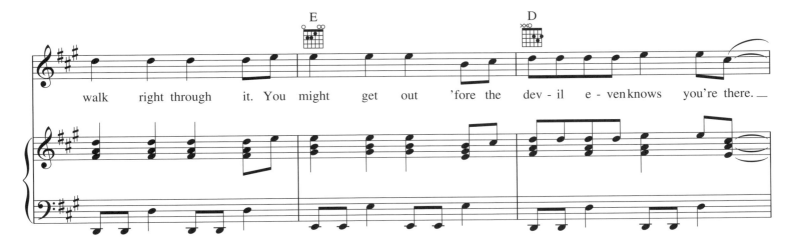

walk right through it. You might get out 'fore the dev - il e - ven knows you're there. ___

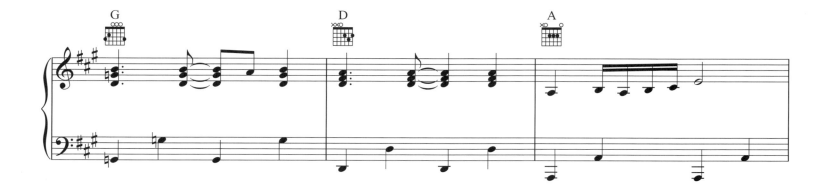

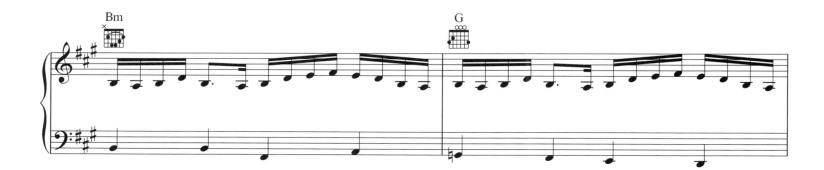

If you're

go-in' through hell, keep on go-in'. Don't slow down.___ If you're
go-in' through hell, keep on mov-in'. Face that fire,___

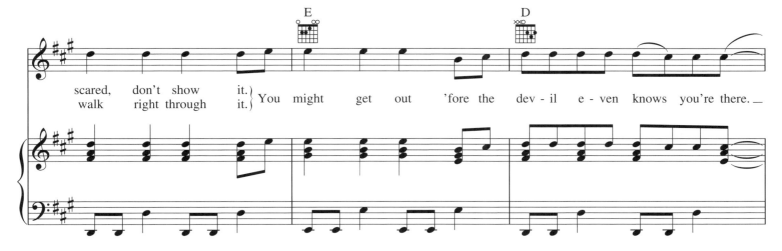

scared, don't show it.) You might get out 'fore the dev-il e-ven knows you're there.___
walk right through it.}

1

Yeah, if you're

2

Yeah, you might get out___ 'fore the

dev - il e - ven knows you're there. _____

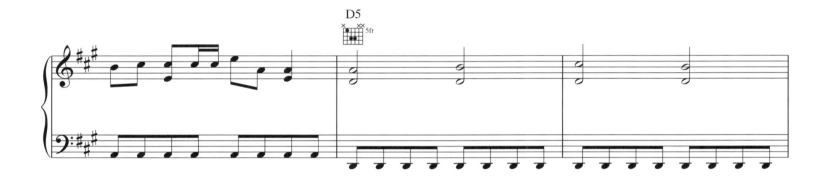

I'M GONNA LOVE YOU THROUGH IT

Words and Music by SONYA ISAACS,
BEN HAYSLIP and JIMMY YEARY

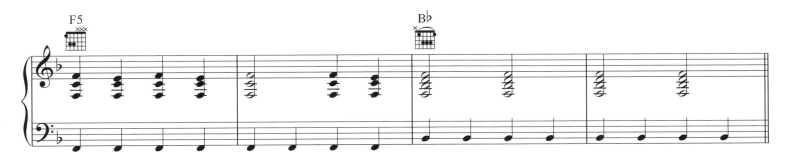

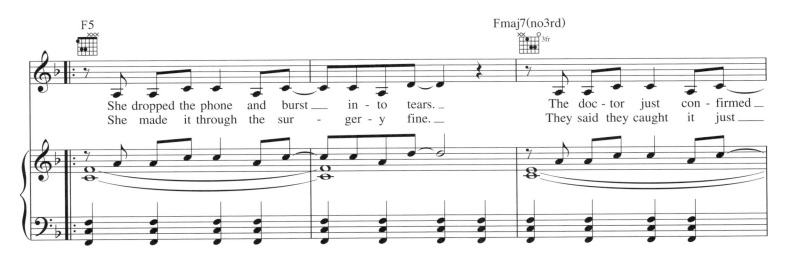

She dropped the phone and burst ___ in - to tears. ___ The doc - tor just con - firmed ___
She made it through the sur - ger - y fine. ___ They said they caught it just ___

___ her fears. Her hus - band held it in ___ and held ___ her tight. ___
___ in time. But they ___ had to take ___ more than ___ they planned. ___

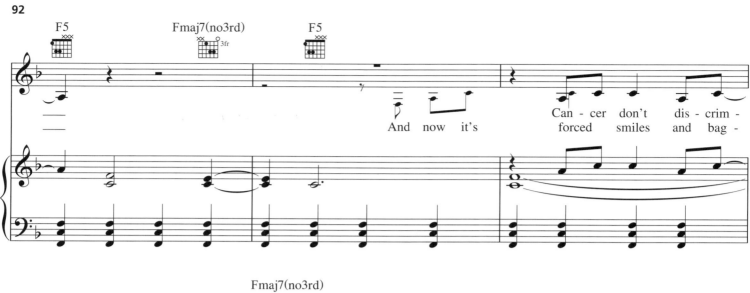

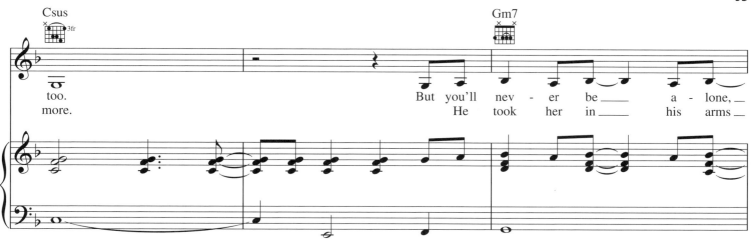

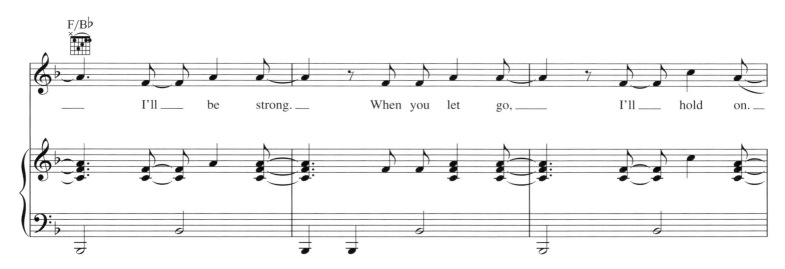

to dry __ your __ eyes. __ When you feel lost __ and scared __ to death, __

__ like you can't take __ one __ more step, __ just take __

__ my hand, __ to-geth - er we __ can do __ it. __ I'm __

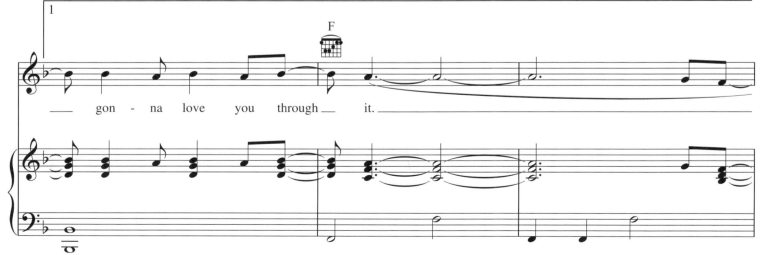

__ gon - na love you through __ it. __

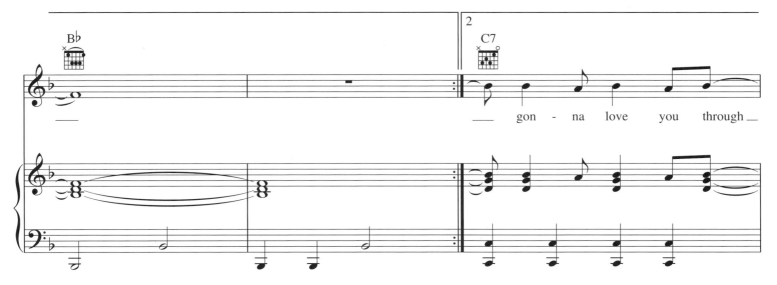

gon - na love you through

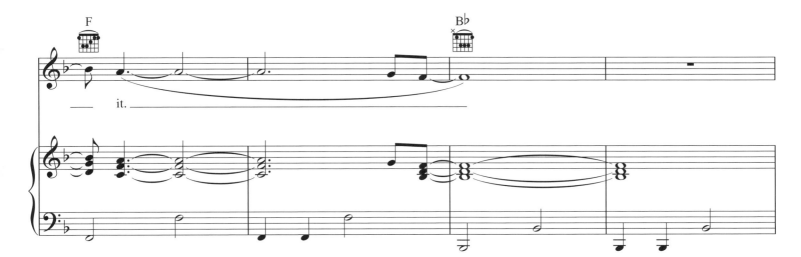

it.

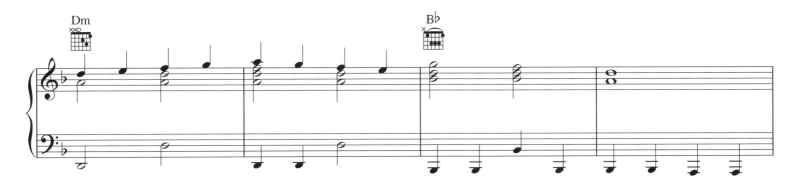

Oh, ba - by.

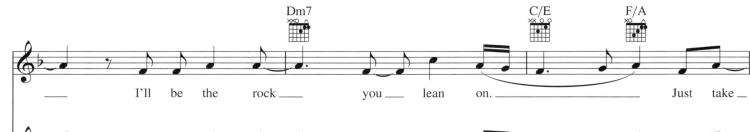

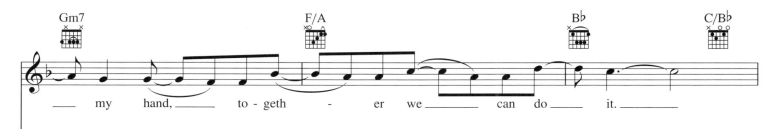

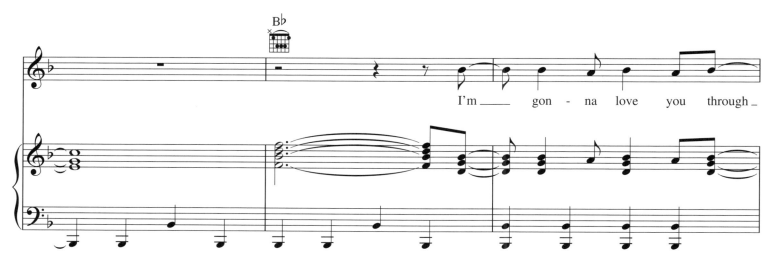

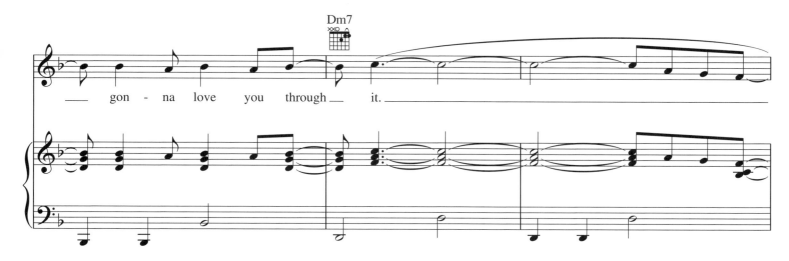

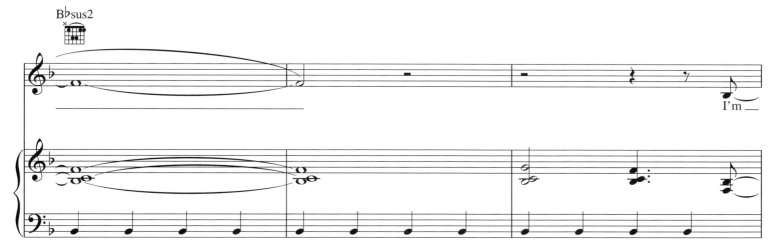

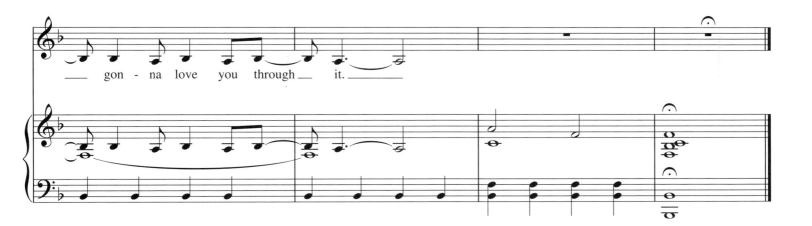

IN MY DAUGHTER'S EYES

Words and Music by
JAMES SLATER

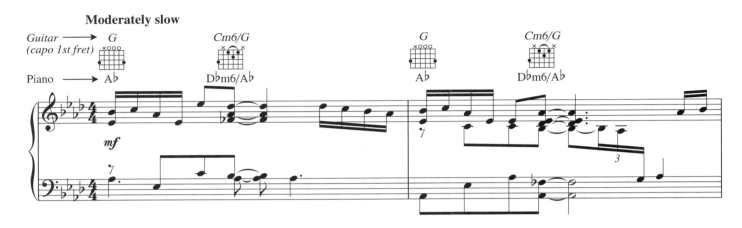

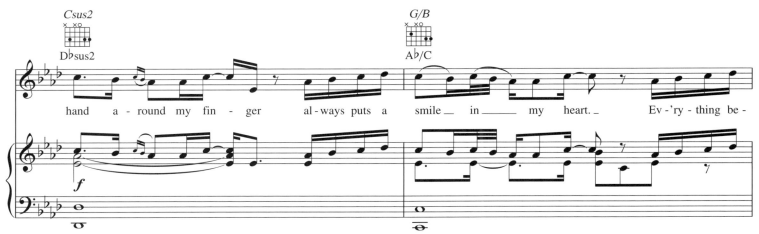

hand a-round my fin - ger al-ways puts a smile __ in __ my heart. __ Ev-'ry-thing be-

comes a lit-tle clear - er. I re-al-ize what life __ is all a-bout. It's hang-ing on when your

heart has had __ e-nough. It's giv-ing more when you feel __ like giv-ing up. __ I've

seen the light. __ It's in my daugh - ter's eyes.

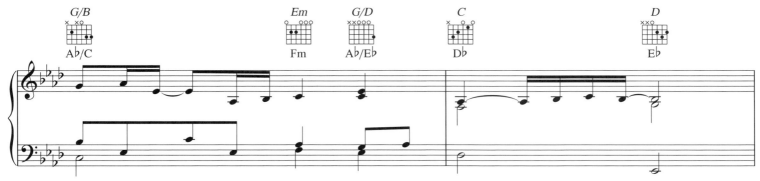

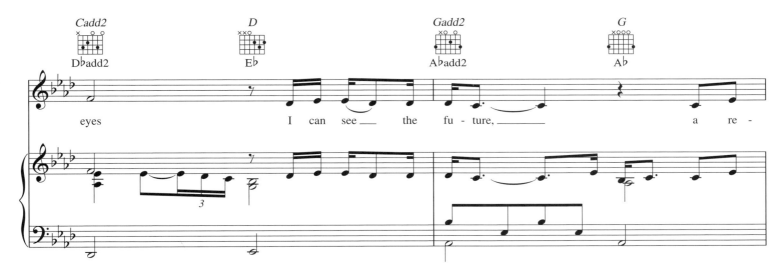

In my daugh - ter's

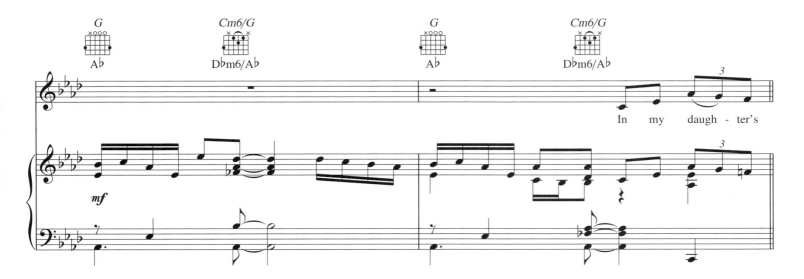

eyes   I can see ___ the fu - ture, _____   a re -

flec - tion of ___ who I am ___ and what will   be.   And though she'll grow ___ and

some-day leave, _ may-be raise _ a fam-i-ly, when I'm gone _ I

hope you'll see how hap-py she made _ me, for I'll be

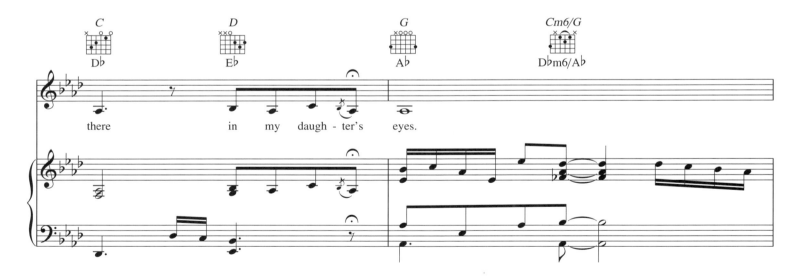

there in my daugh-ter's eyes.

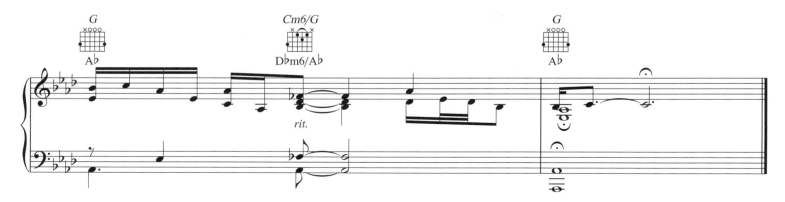

LET IT GO

Words and Music by TOM DOUGLAS,
BILL LUTHER and AIMEE MAYO

Moderately

I've been caught side-ways out ___ here on the cross-

-roads, try'n' to buy back the piec-es I ___ lost

of my soul. It's hard when the dev-il won't get off ___ your back. ___

*Recorded a half step higher.

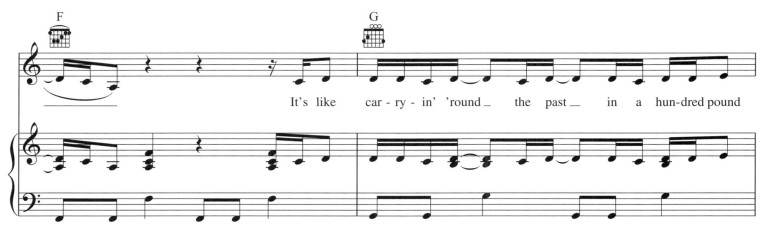

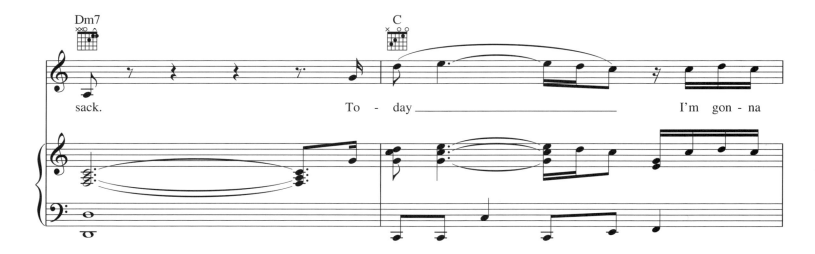

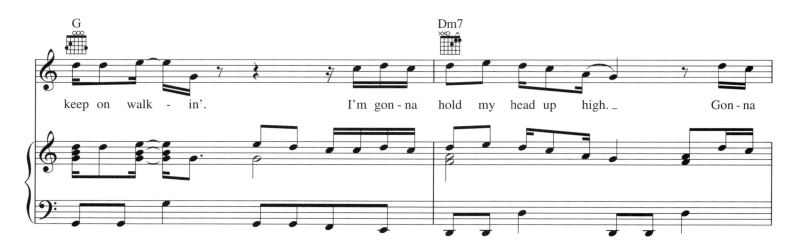

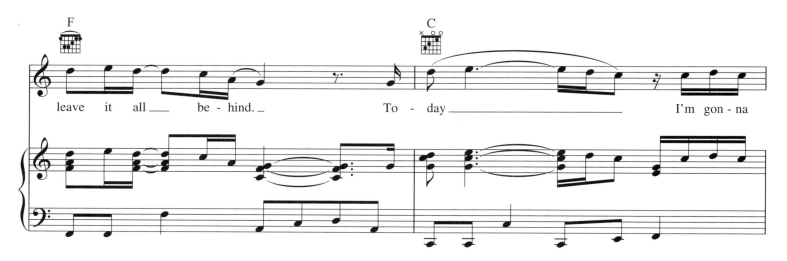

stand out in the rain. ___ Let it wash it all ___ a - way, ___ yeah,

wash it all ___ a - way. I'm gon - na let it go, ___ oh, ___ oh, ___ yeah. ___

___ I'm gon - na let it go, ___ oh, ___ oh, ___ yeah. ___

Skel - e - tons and ghosts are hid - in' in ___ the shad -

-ows, threat-'nin' me ___ with all ___ the things ___ that they ___

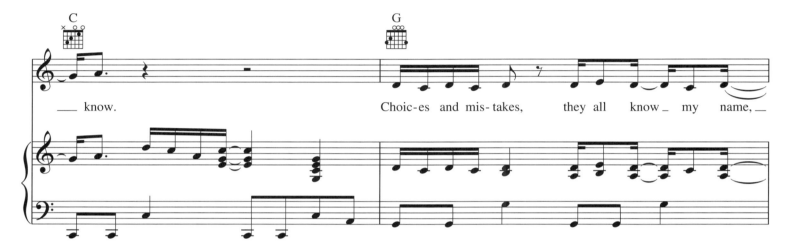

___ know. Choic-es and mis-takes, they all know ___ my name, ___

but I'm through hold-in' in and hold-in' on to all that ___

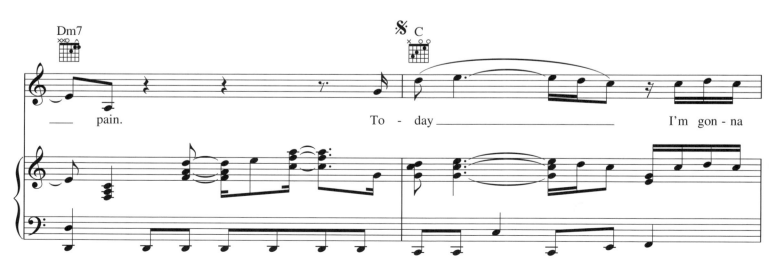

___ pain. To-day _____ I'm gon-na

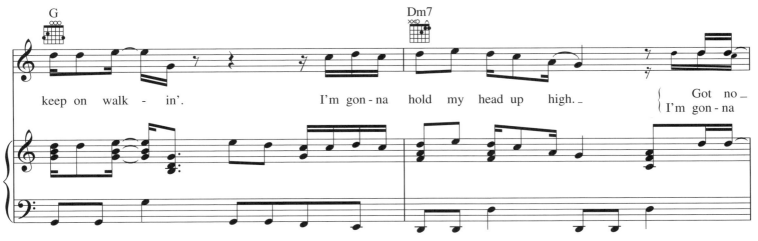

keep on walk - in'. I'm gon - na hold my head up high. ___ { Got no ___ / I'm gon - na

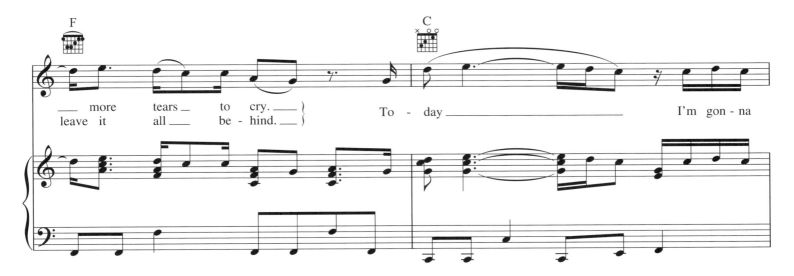

___ more tears ___ to cry. ___ }
leave it all ___ be - hind. ___ } To - day _____ I'm gon - na

stand out in the rain, ___ let it wash it all ___ a - way, ___ yeah,

wash it all ___ a - way. I'm gon - na let it go, ___ oh, _____ oh, ___ yeah. __

I'm gon-na let it go, ___ oh, ___ oh, ___ oh. ___

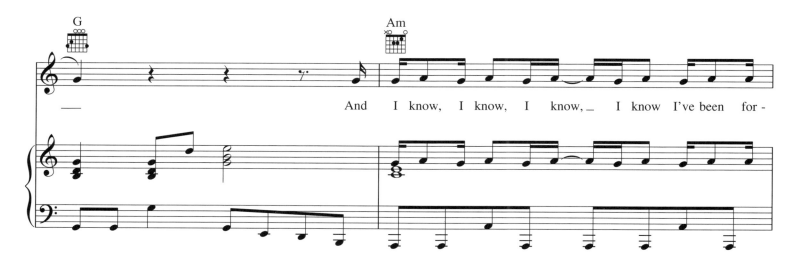

___ And I know, I know, I know, ___ I know I've been for-

giv - en. I know, I know, I know ___ I'm gon - na start

liv - in'. To -

___ I'm gon - na let it go, ___

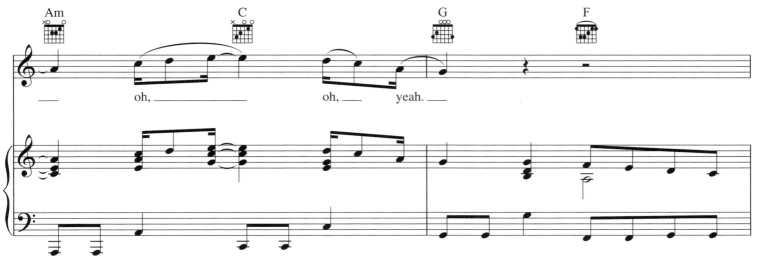

oh, _____ oh, ___ yeah. ___

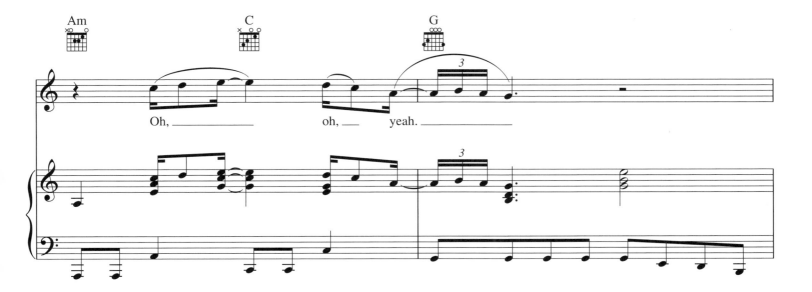

Oh, _____ oh, ___ yeah. _____

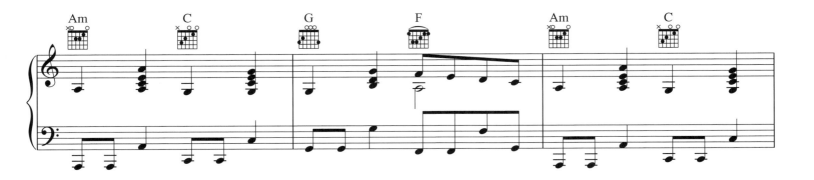

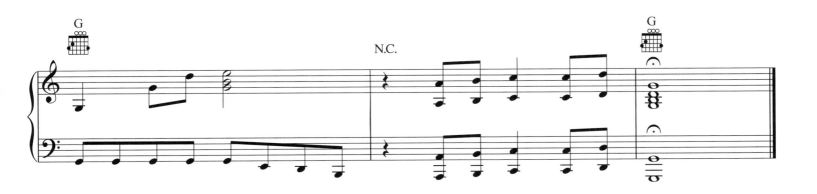

N.C.

LIVE LIKE YOU WERE DYING

Words and Music by CRAIG WISEMAN
and TIM J. NICHOLS

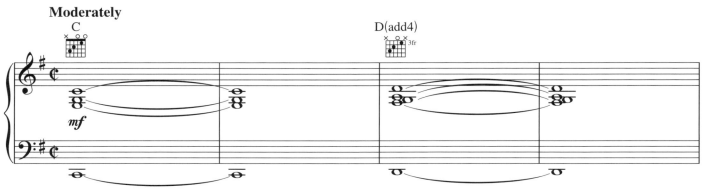

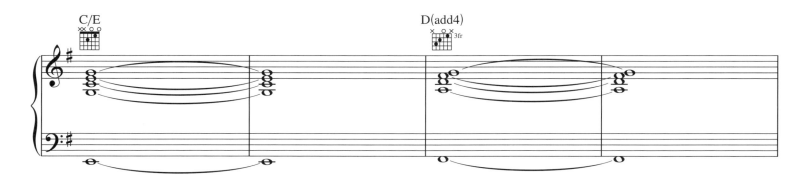

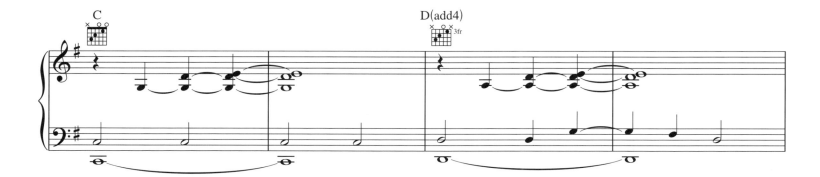

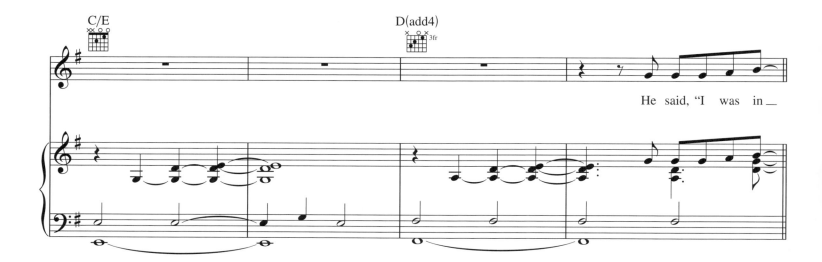

He said, "I was in __

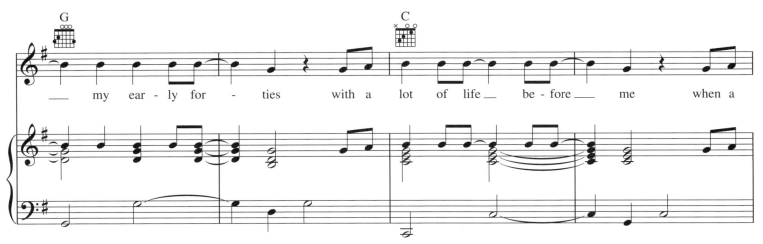

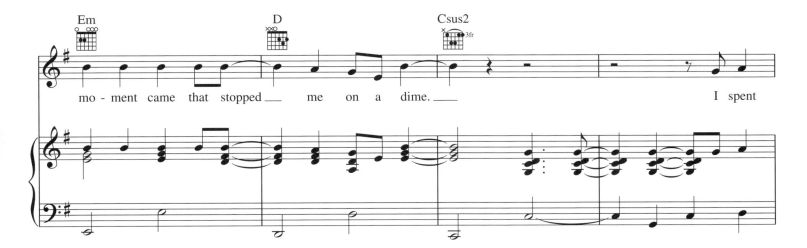

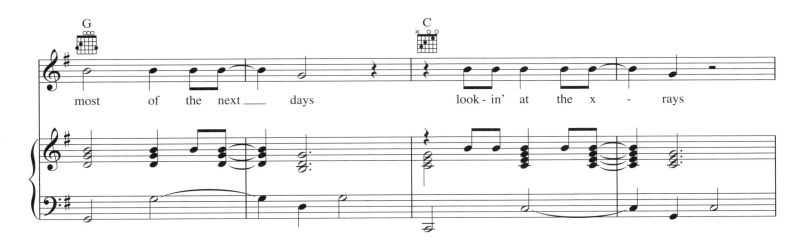

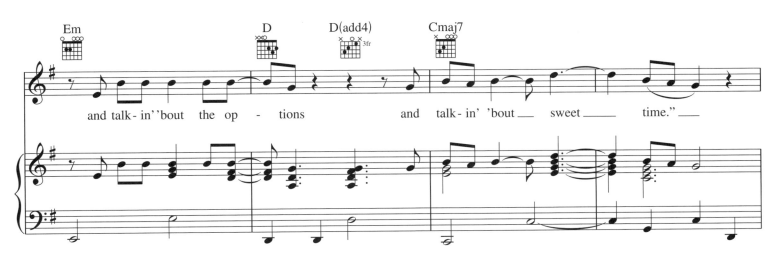

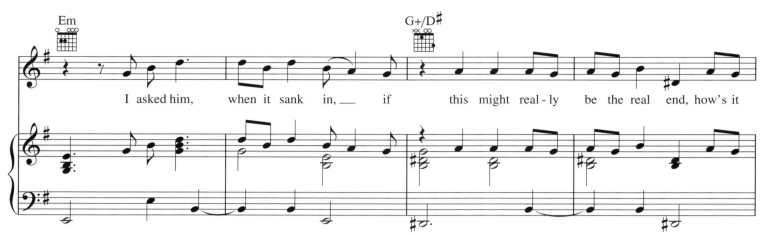

I asked him, when it sank in, ___ if this might real-ly be the real end, how's it

hit you when you get that kind _ of news? ___ Man, what'd you do?

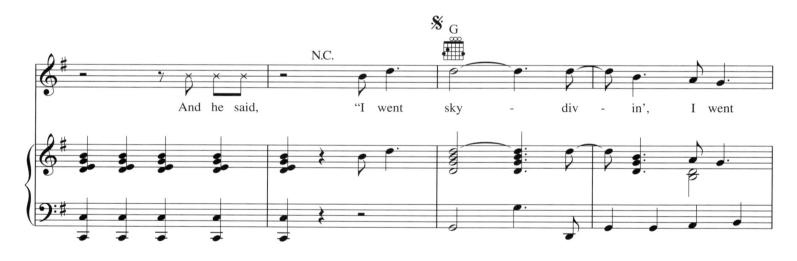

And he said, "I went sky - div - in', I went

Rock-y Moun-tain climb - in', I went two-point - sev-en sec - onds on a bull _

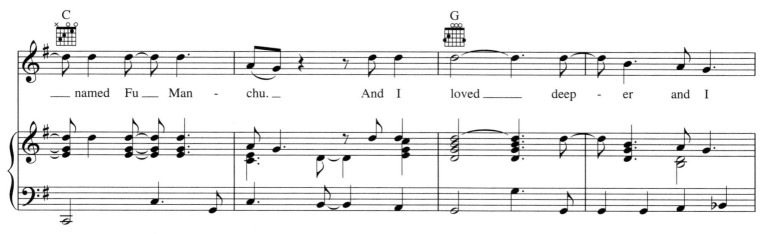

named Fu Man - chu. And I loved _____ deep - er and I

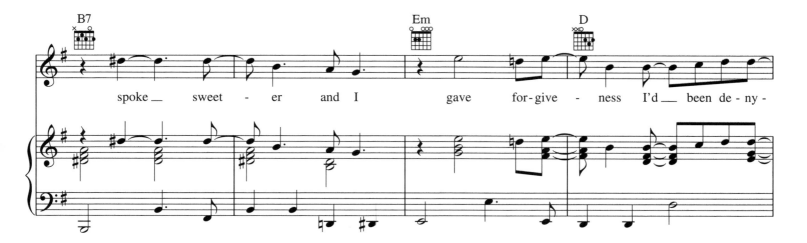

spoke _____ sweet - er and I gave for - give - ness I'd _____ been de - ny -

- in'." _____ And he said, _____ "Some - day _____ I hope _____ you _____ get the chance

To Coda

to live _____ like you were dy - in'." _____

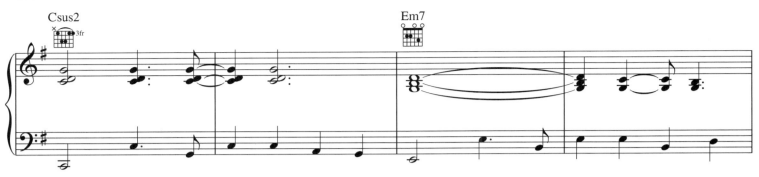

He said, "I was fi - nal - ly ___ the hus - band

that most the time I was - n't and I be - came a friend ___ a friend ___ would like to have. ___

___ And all the sud - den go - in' fish - in' was - n't

such an im-po-si-tion and I went____ three times__ that year__ I lost__ my__

____ dad.   Well, I, I fin-'lly read the Good__ Book__ and I

took a good long hard look__ at what I'd do if I____ could do____ it all__ a-gain.__

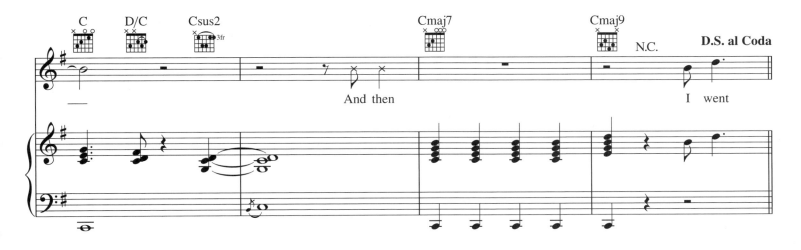

And then   I went

D.S. al Coda

to live ___ like you were dy - in', _____ like to-mor-

- row ___ was a gift and you got ___ e - ter - ni - ty ___ to think ___

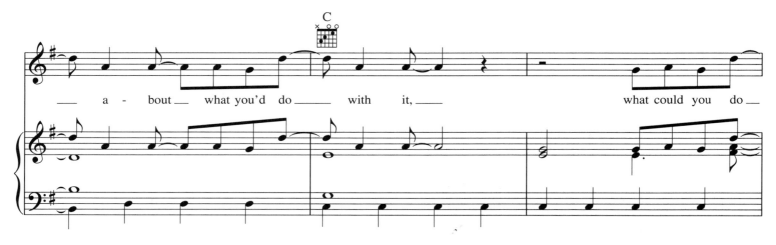

___ a - bout ___ what you'd do ___ with it, ___ what could you do __

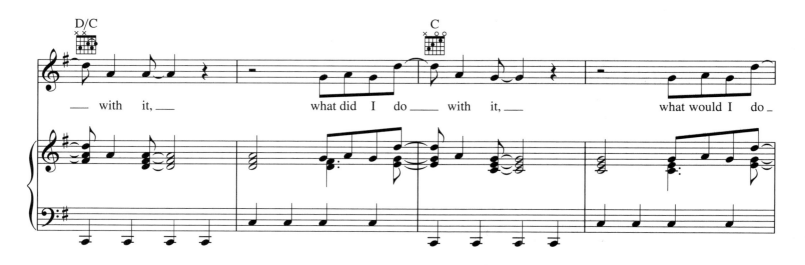

— with it, ___ what did I do ___ with it, ___ what would I do __

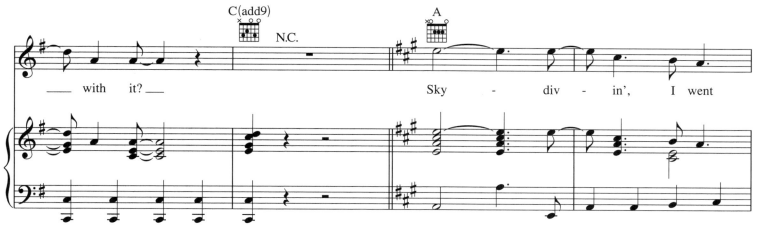

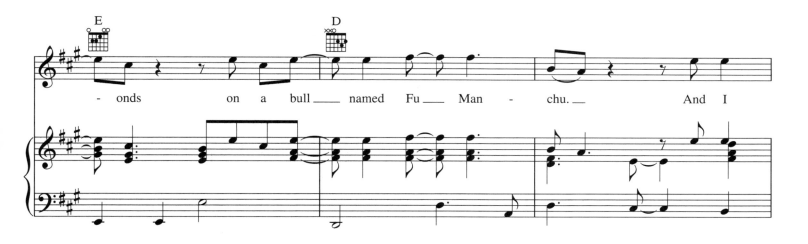

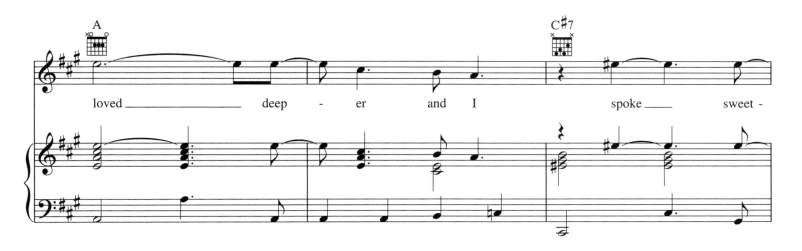

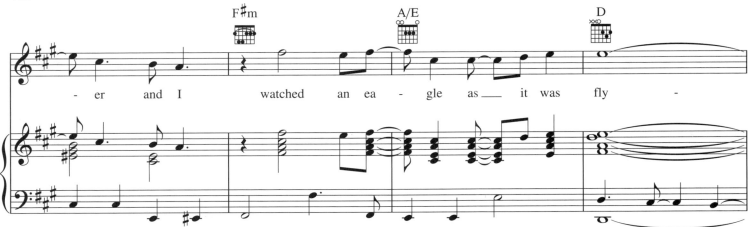

-er and I watched an ea - gle as___ it was fly -

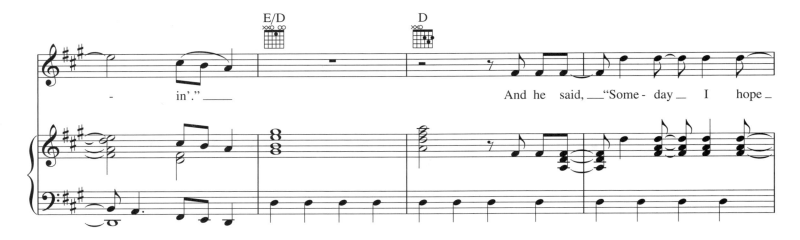

- in'."___   And he said, ___ "Some - day___ I hope___

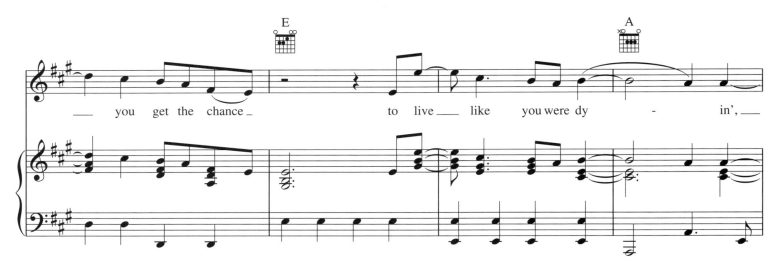

___ you get the chance ___ to live ___ like you were dy - in', ___

to live ___ like you were dy - in', ___

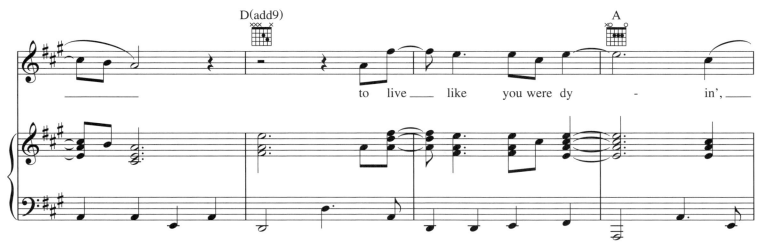

to live ___ like you were dy - in', ___

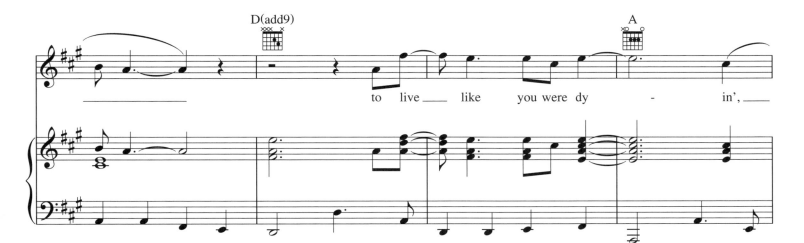

to live ___ like you were dy - in', ___

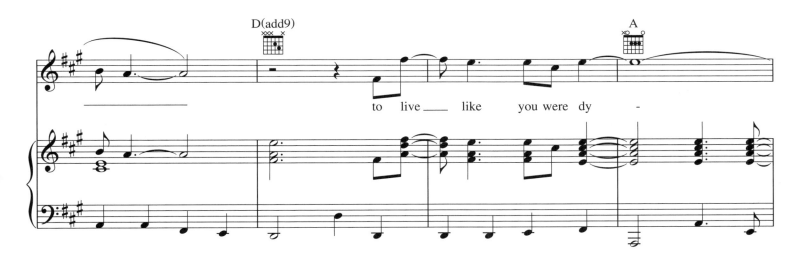

to live ___ like you were dy -

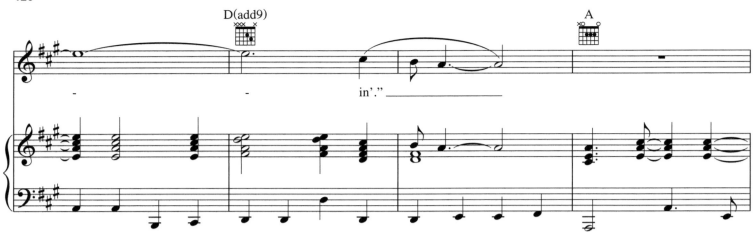

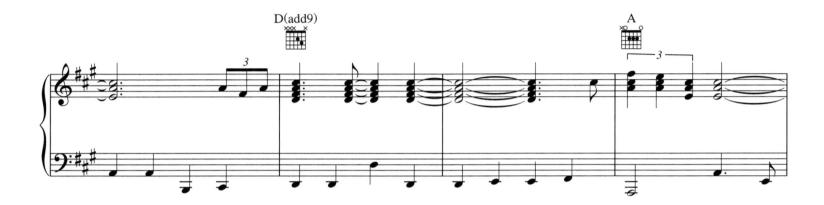

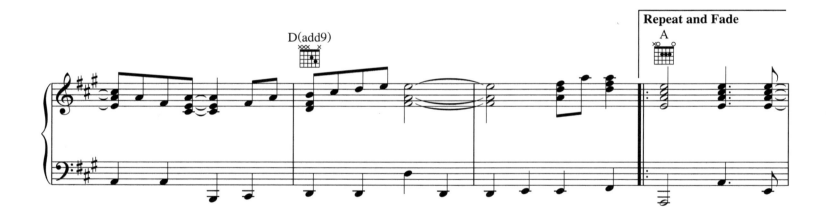

MOUNTAINS

Words and Music by LARRY BOONE,
PAUL NELSON and RICHIE McDONALD

Moderately

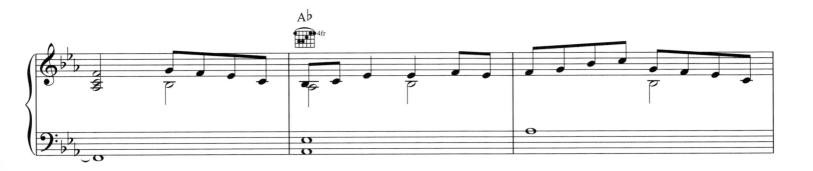

Lu - cin - da Jones, ___
Rob - bie Bob - by Dunn, ___

work - in' at the I - HOP,
came ___ back from the war, ___

ten years worth of ba-
lost his leg, but they

- con, eggs ___ and tears. ___
could - n't take ___ his will. ___

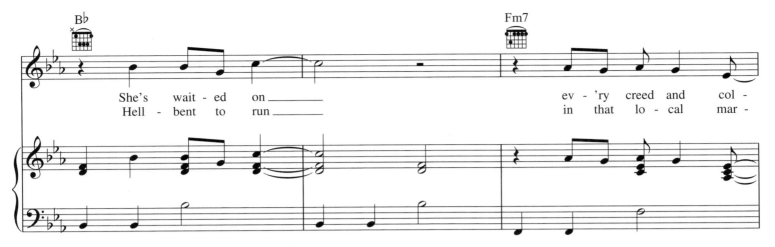

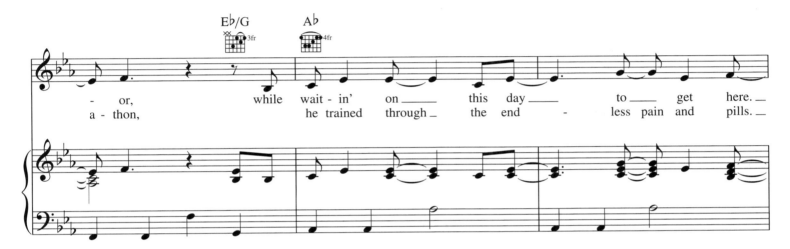

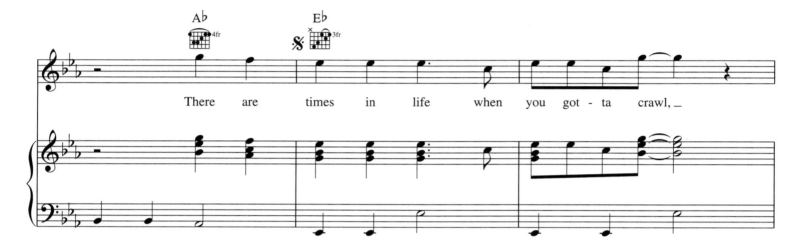

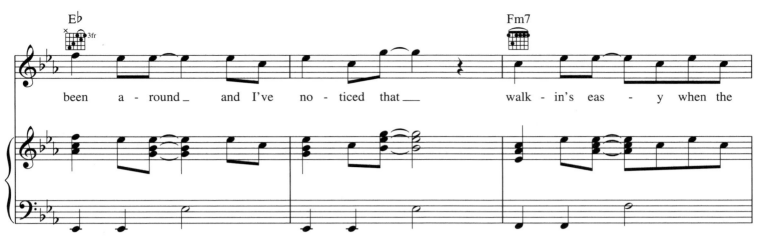

been a - round ___ and I've no - ticed that ___ walk - in's eas - y when the

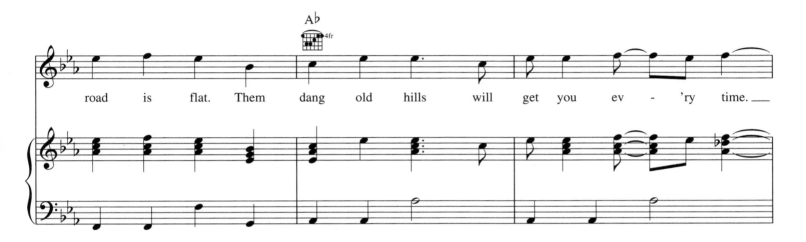

road is flat. Them dang old hills will get you ev - 'ry time. ___

___ Yeah, the good Lord gave us moun -

- tains ___ so we could learn how to

To Coda

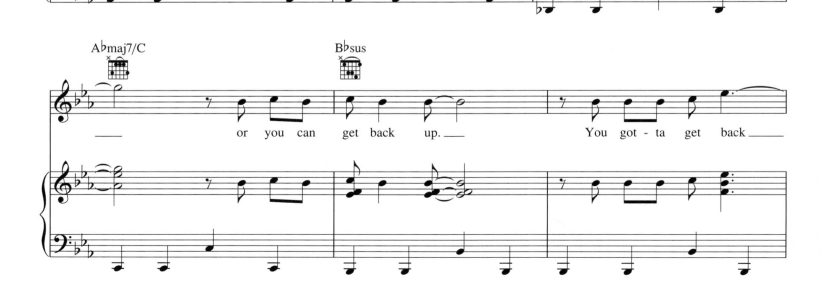

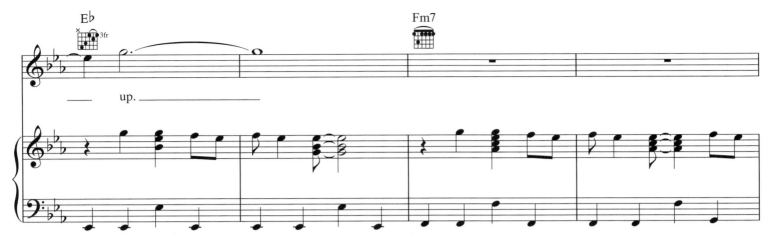

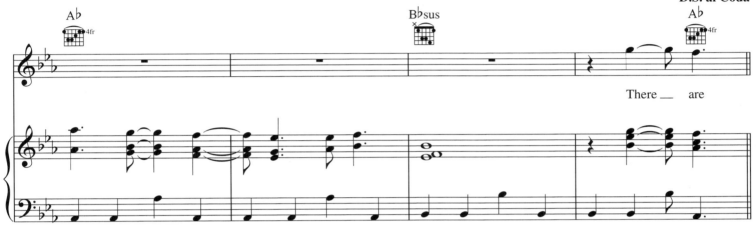

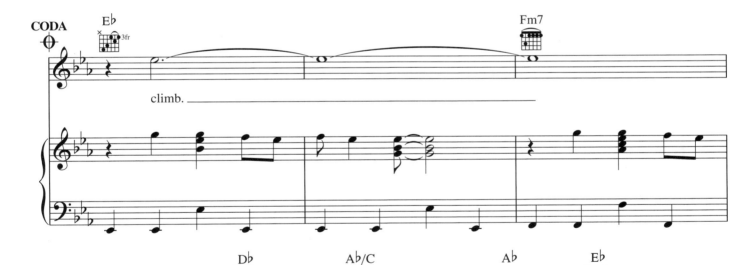

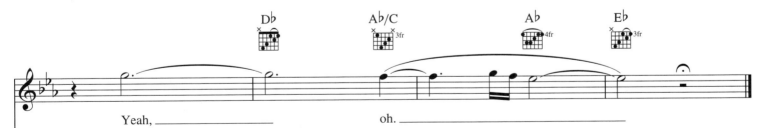

MY LIST

Words and Music by RAND BISHOP
and TIM JAMES

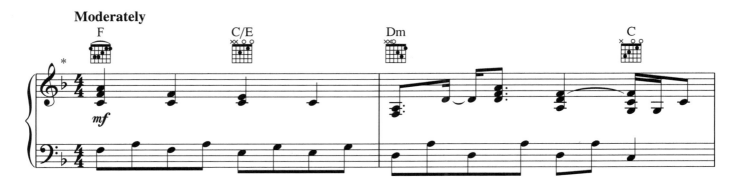

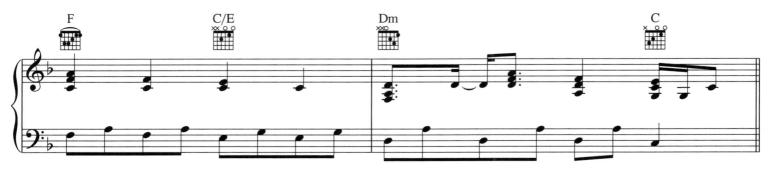

Un-der an old ___ brass pa-per-weight ___   is my
Would-n't change the course of fate ___   if

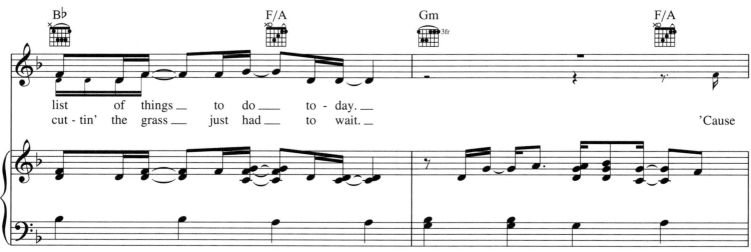

list of things ___ to do ___ to-day. ___
cut-tin' the grass ___ just had ___ to wait. ___

           'Cause

Recorded a half step lower.

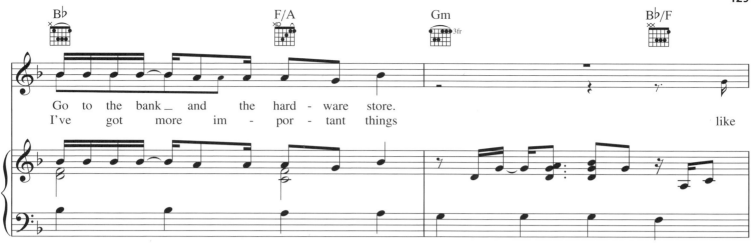

Go to the bank __ and the hard - ware store.
I've got more im - por - tant things like

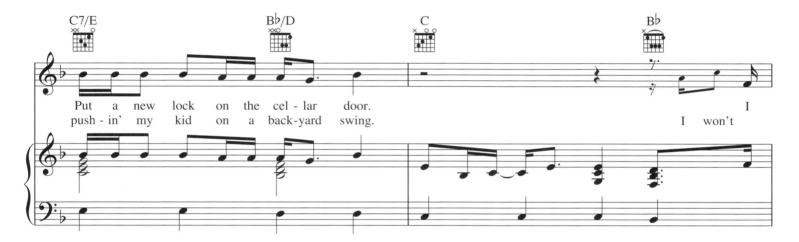

Put a new lock on the cel - lar door. I
push - in' my kid on a back - yard swing. I won't

cross 'em off as I get 'em done. But when this sun is set there's
break my back for a mil - lion bucks I can't take to my grave, so why

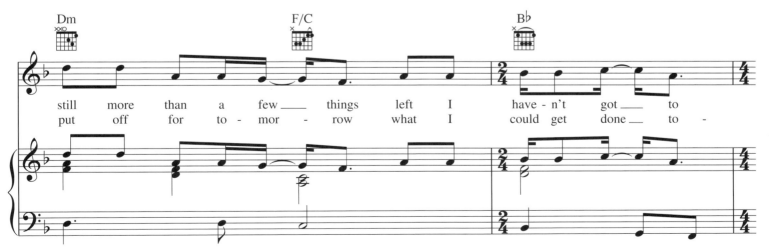

still more than a few __ things left I have - n't got __ to
put off for to - mor - row what I could get done __ to -

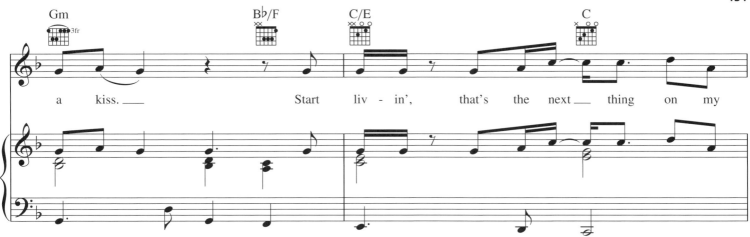

a kiss. ___ Start liv - in', that's the next ___ thing on my

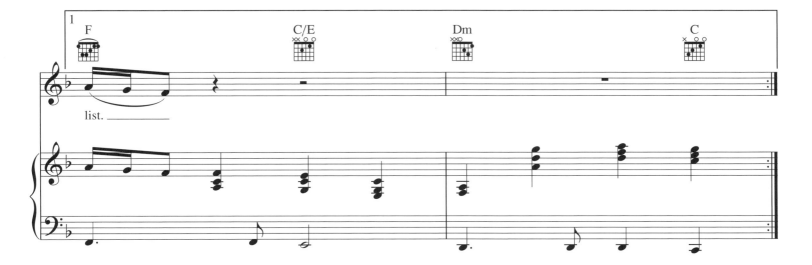

list. _____

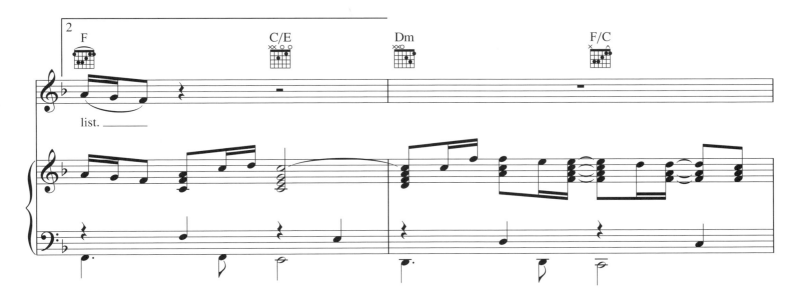

list. _____

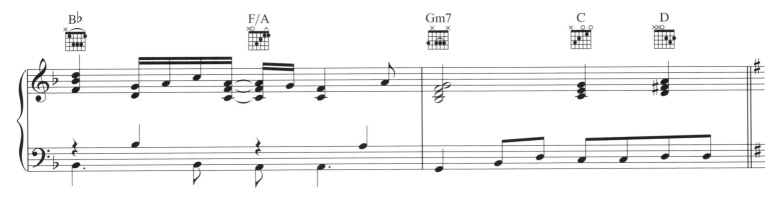

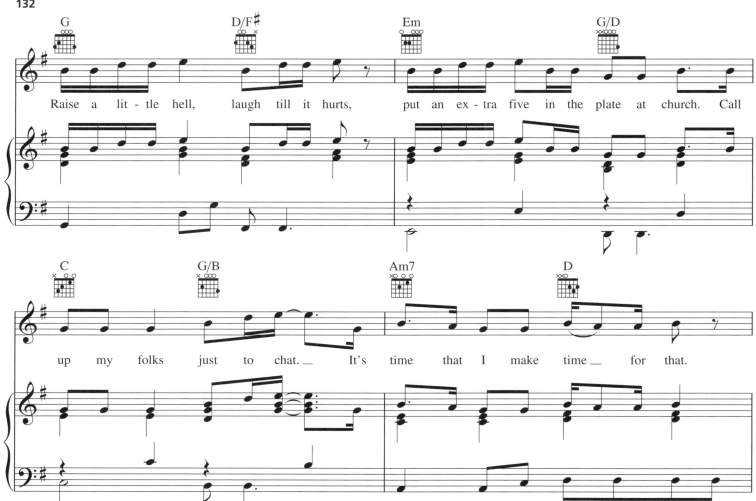

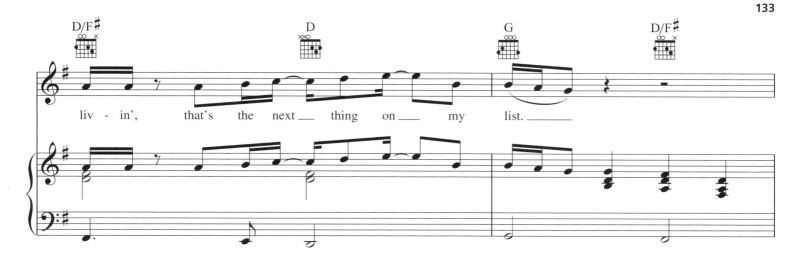

liv - in', that's the next ___ thing on ___ my list. _____

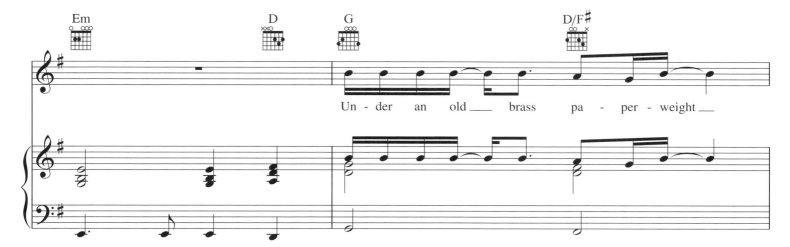

Un - der an old ___ brass pa - per - weight ___

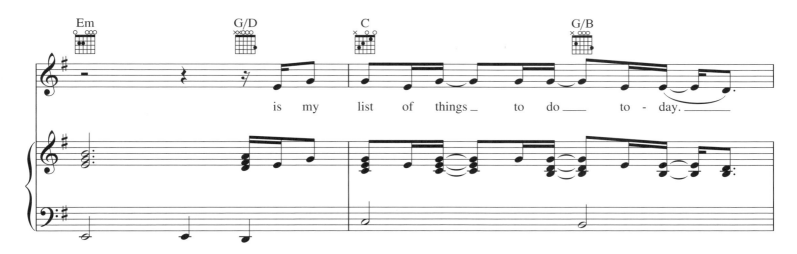

is my list of things ___ to do ___ to - day. _____

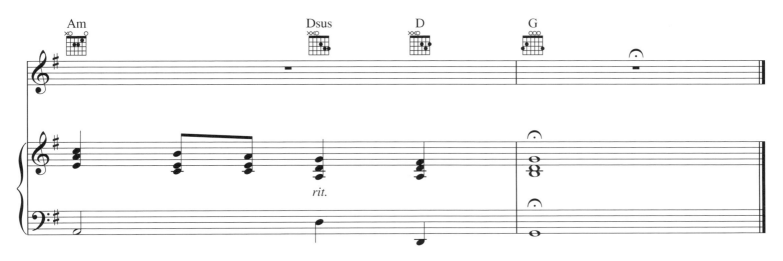

rit.

MY WISH

Words and Music by STEVE ROBSON
and JEFFREY STEELE

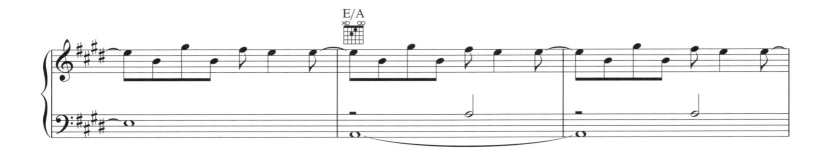

I hope the days come eas-y and the

mo-ments pass slow and each road leads you where you want to go. And if you're

faced with the choice and you have to choose, __ I hope you choose the one __ that means the

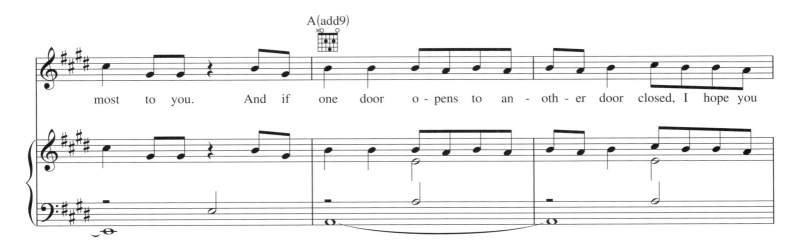

most to you. And if one door o - pens to an - oth - er door closed, I hope you

keep on walk - in' 'til you find the win - dow. If it's cold out - side,

show the world the warmth __ of your smile. But more than

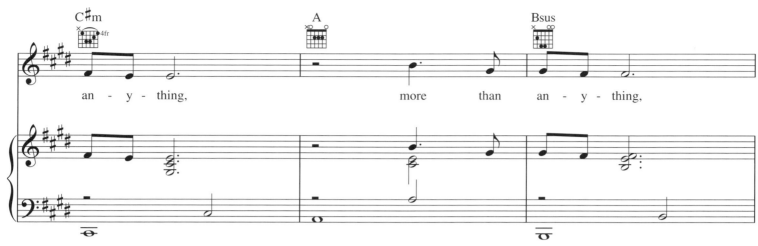

an - y - thing, more than an - y - thing,

my wish for you is that this life

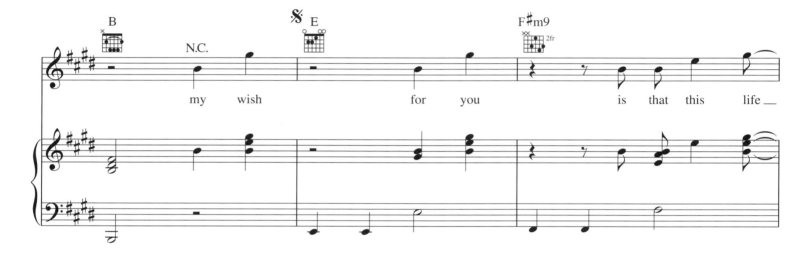

be - comes all that you want it to, your dreams stay big, your

wor - ries stay small, you nev - er need to car - ry more than you can hold. And while you're

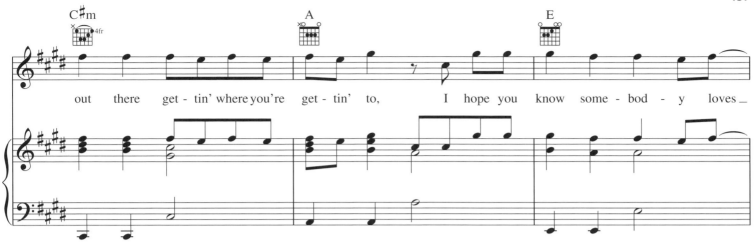

out there get - tin' where you're get - tin' to, I hope you know some - bod - y loves ___

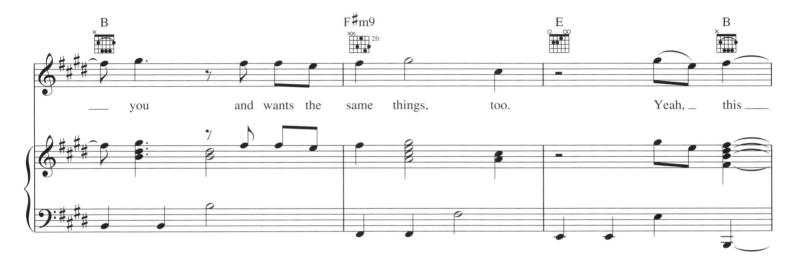

___ you and wants the same things, too. Yeah, ___ this ___

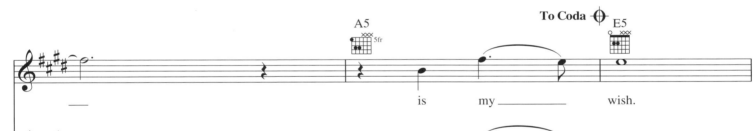

is my ___ wish.

I hope you nev - er look back, but you nev - er for - get all the

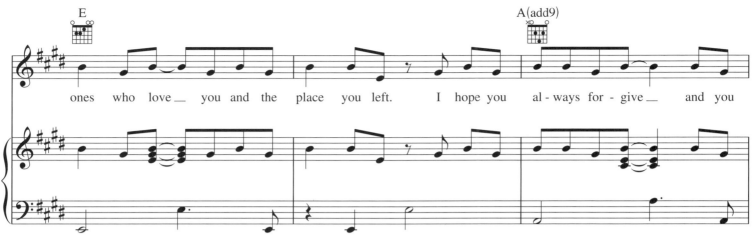

ones who love_ you and the place you left. I hope you al - ways for - give_ and you

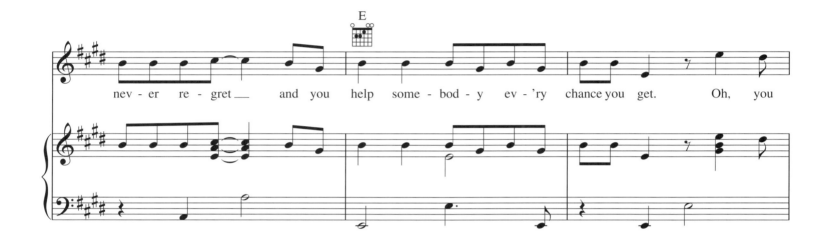

nev - er re - gret _ and you help some - bod - y ev - 'ry chance you get. Oh, you

find _ God's grace in ev - 'ry mis - take and al - ways give more than you take. _

But more than an - y - thing, yeah, more than

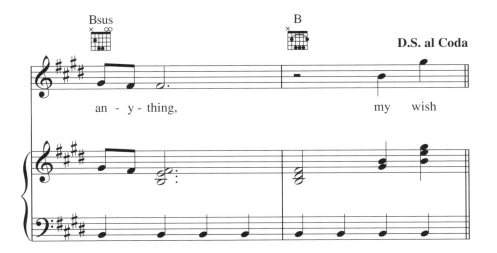
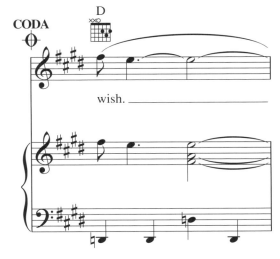

an - y - thing,   my wish

wish.

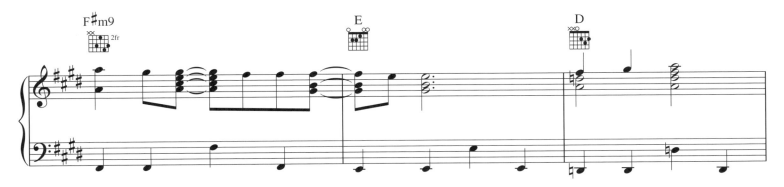

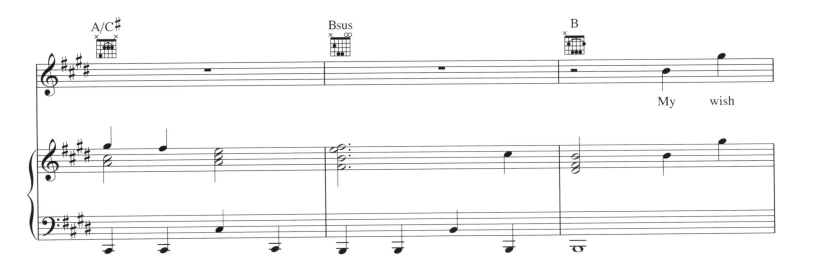

My wish

for you   is that this life ____ be-comes all ____

____ that you want it to, your dreams stay big,   your wor-ries stay small,   you

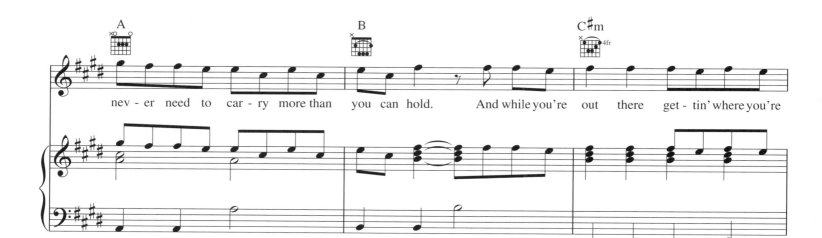

nev-er need to car-ry more than   you can hold.   And while you're out there get-tin' where you're

get-tin' to,   I hope you know some-bod-y loves ____ you   and wants the

same things, too. Yeah, __ this _____

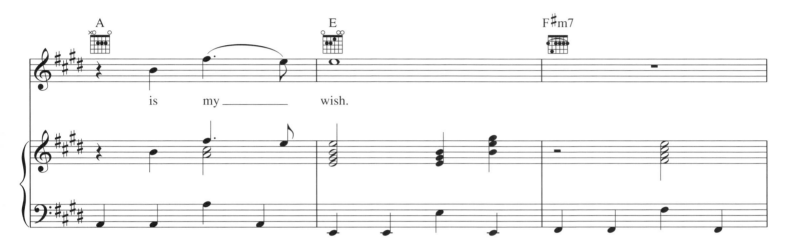

is my _____ wish.

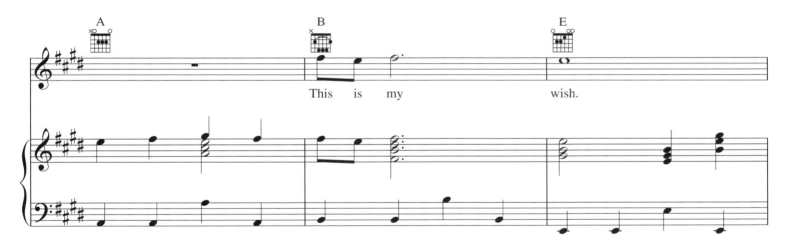

This is my wish.

I hope you know some-bod-y loves __

you.   May all

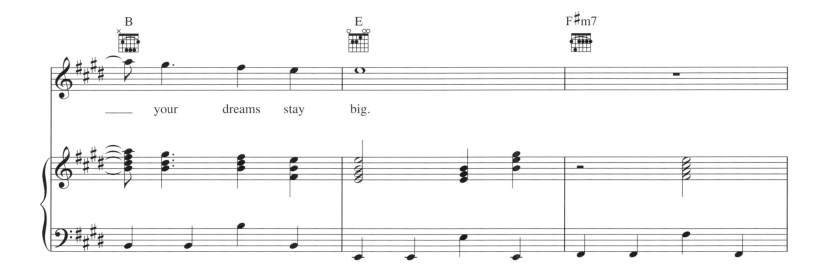

your dreams stay big.

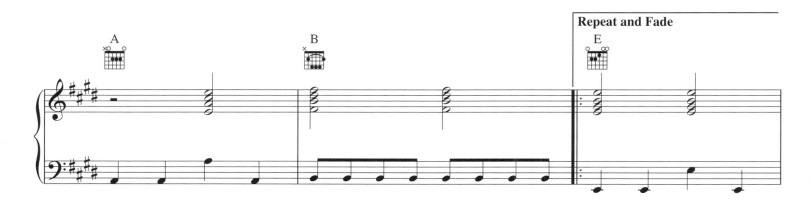

Repeat and Fade

Optional Ending

ONE WING IN THE FIRE

Words and Music by BOBBY PINSON
and TRENT TOMLINSON

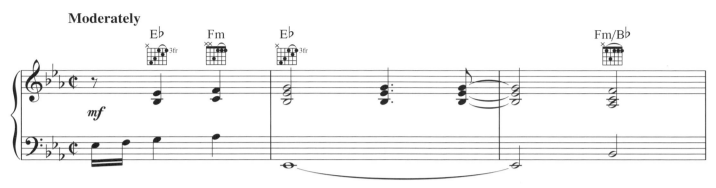

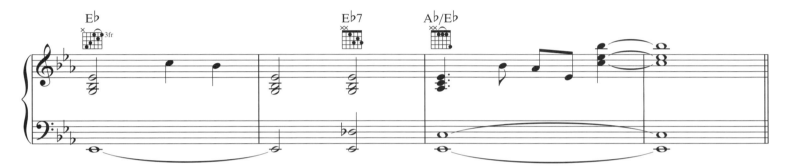

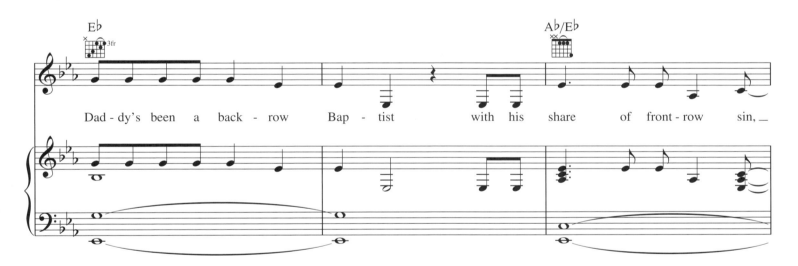

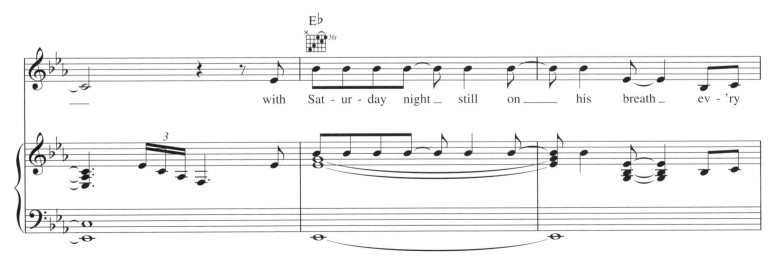

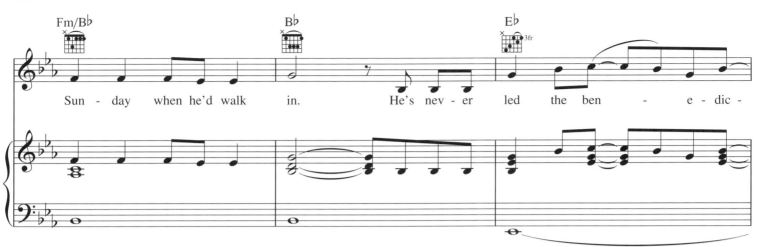

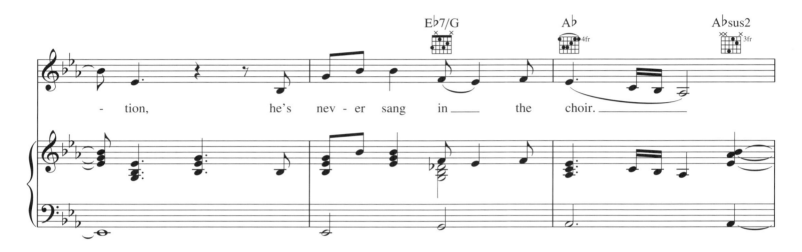

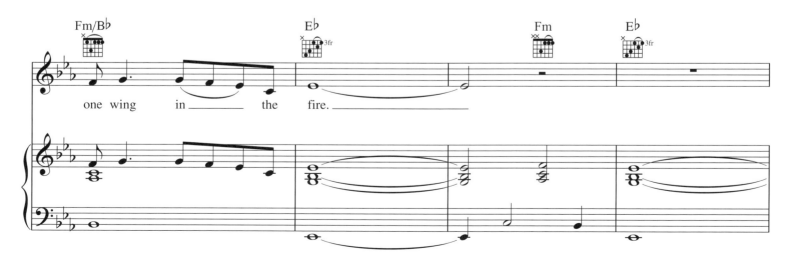

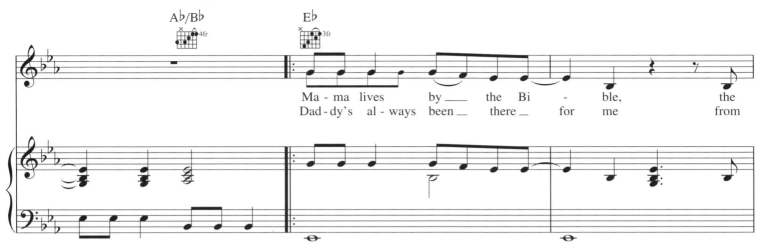

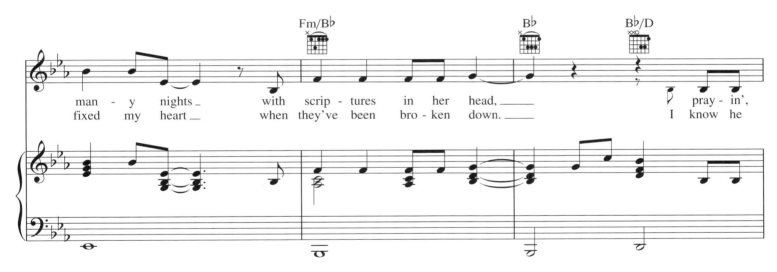

146

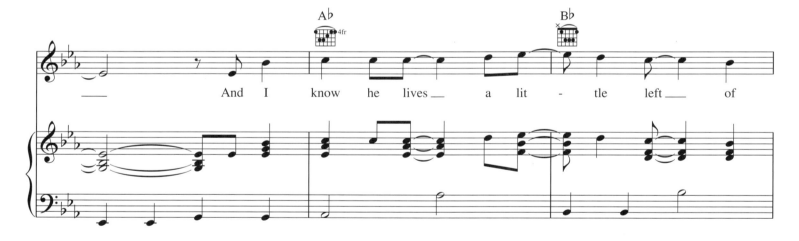

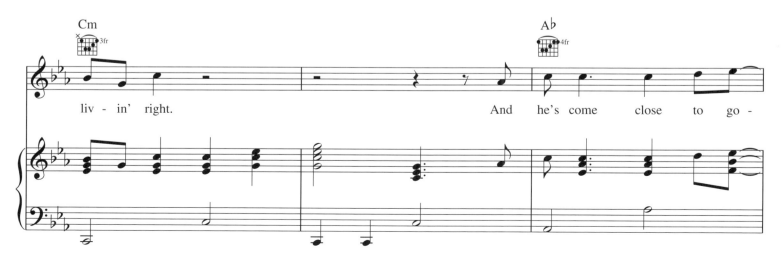

-in' way ___ too far ___ a few times. ___ But I'd

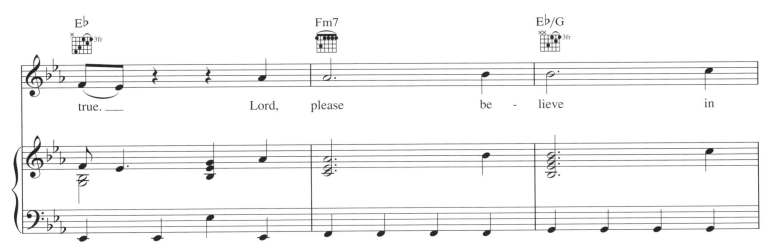

trade a thou-sand prayers ___ if just ___ one prayer would ___ come

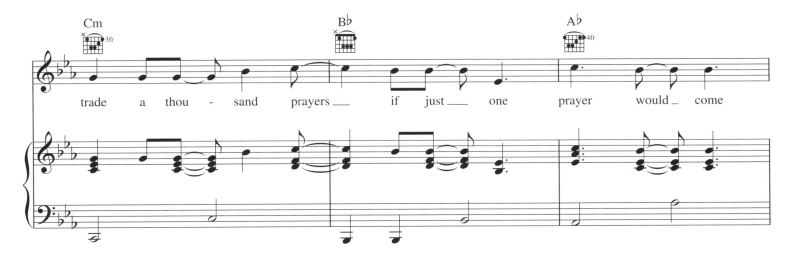

true. ___ Lord, please be - lieve in

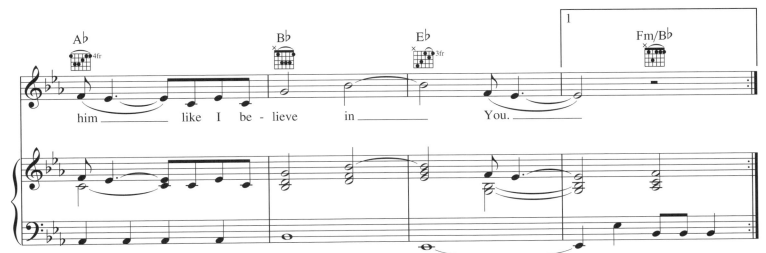

him ___ like I be - lieve in ___ You. ___

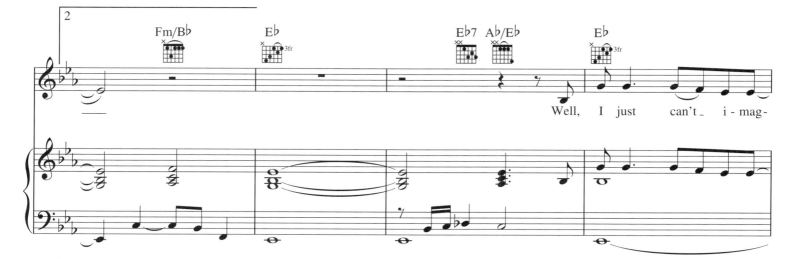

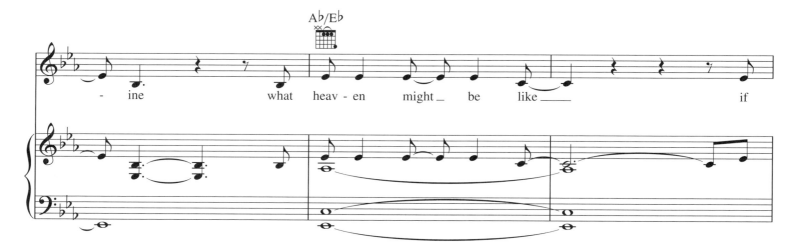

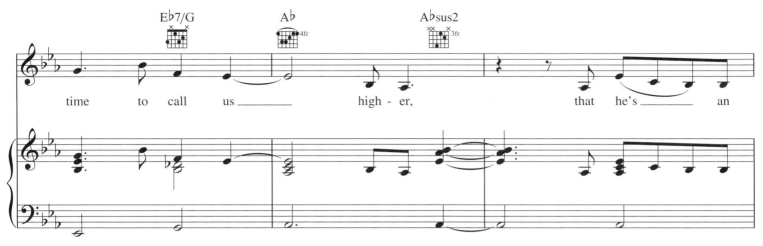

time to call us _____ high - er, that he's _____ an

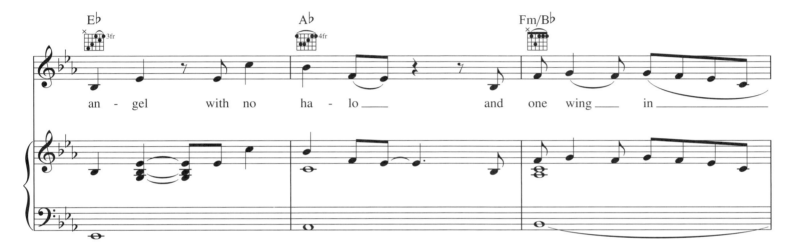

an - gel with no ha - lo _____ and one wing _____ in _____

the fire. _____

ONE MORE DAY
(With You)

Words and Music by STEVEN DALE JONES
and BOBBY TOMERLIN

Moderately

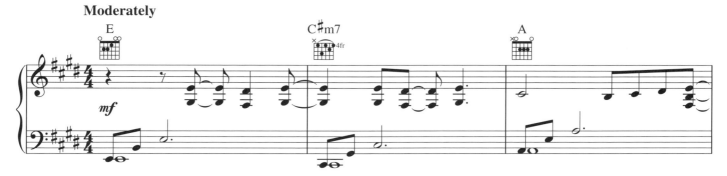

Last night I had __
__ I'd do is pray __

__ a cra - zy __ dream.
__ for time __ to __ crawl.

A

wish was grant - ed just _____ for me. _____ It could be for an - y - thing. _____
I'd un - plug _____ the tel - e - phone, _____ keep the T - V off. _____

_____ I did - n't ask for mon - ey or a
_____ I'd hold _____ you ev - 'ry sec - ond, say a

man - sion on Mal - i - bu. _____ I sim - ply wished _____ for
mil - lion "I _____ love you's." _____ It's what I'd do _____ with

one more day _____ with you.
one more day _____ with you.
One _____ more day, _____

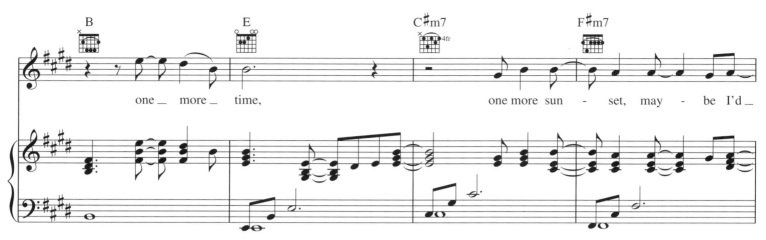

one __ more __ time, one more sun - set, may - be I'd __

__ be sat - is - fied. __ But then __ a - gain, ___ I know __

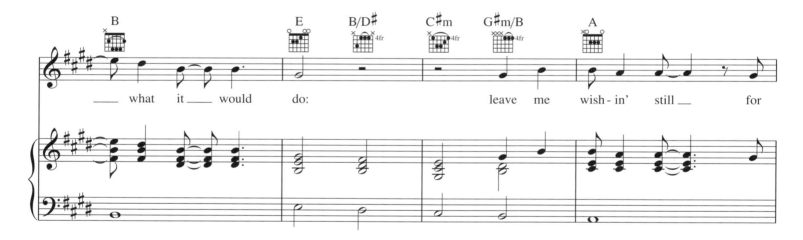

__ what it __ would do: leave me wish - in' still __ for

one more day __ with you. ___

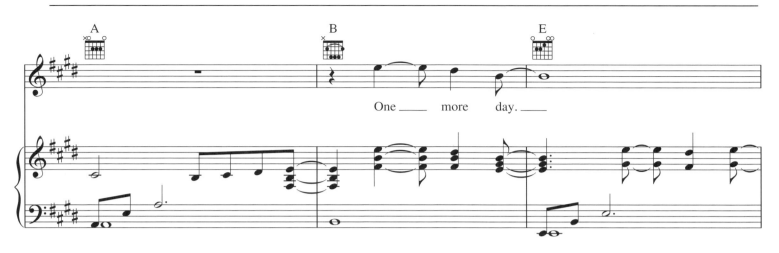

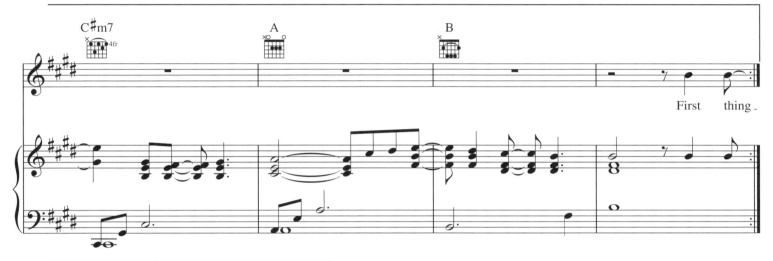

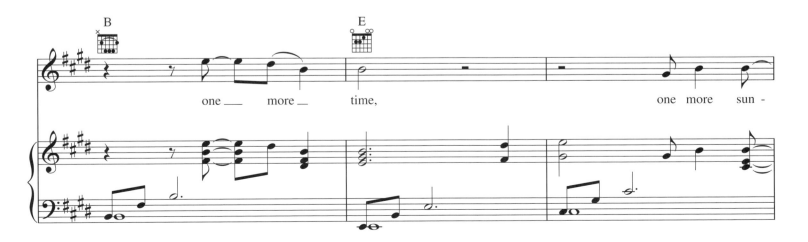

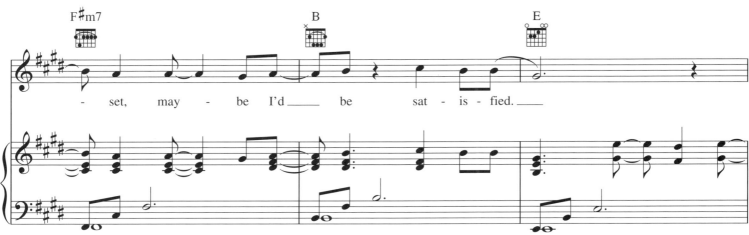

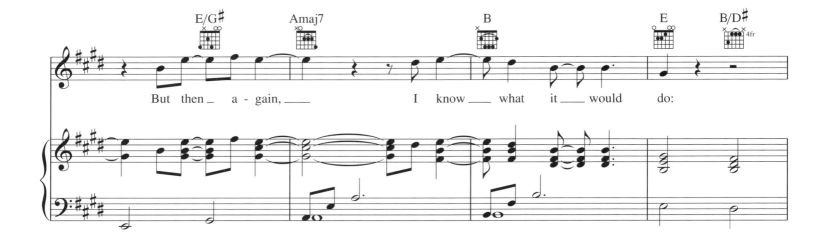

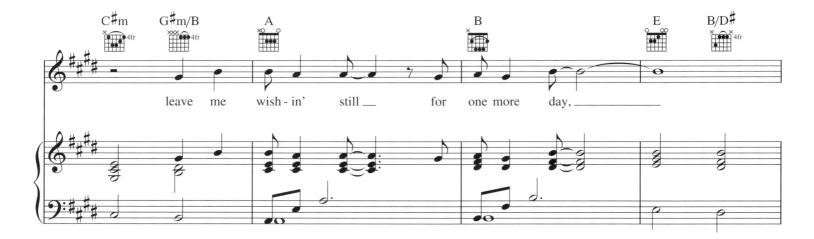

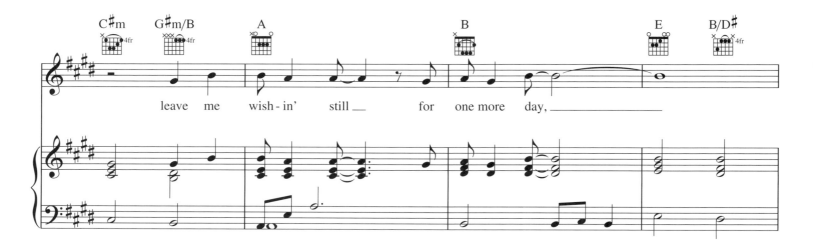

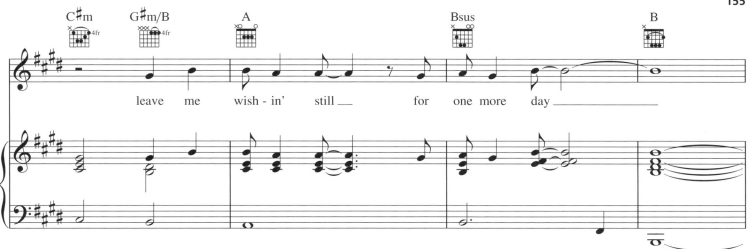

leave me wish-in' still ___ for one more day ___

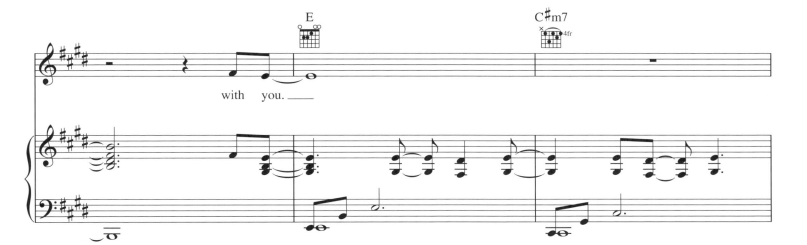

with you. ___

One ___ more ___ day. ___

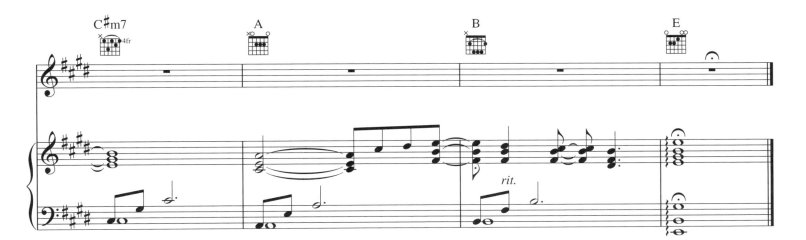

rit.

STAND

Words and Music by BLAIR DALY
and DANNY ORTON

You feel like a can-dle _____ in a hur-ri-cane, _ just like a
nov-el _____ with the end ripped out, the edge of a

pic-ture _____ in a bro-ken frame, _ a-lone _ and help-less _ like
can-yon with on-ly one way down. _ Take what _ you're giv-en _ be-

you've lost your fight, _ but you'll be al-right, _ you'll be al-right. _ }
fore it's _ gone. And start hold-in' on, _ keep hold-in' on. _ }

'Cause when push _

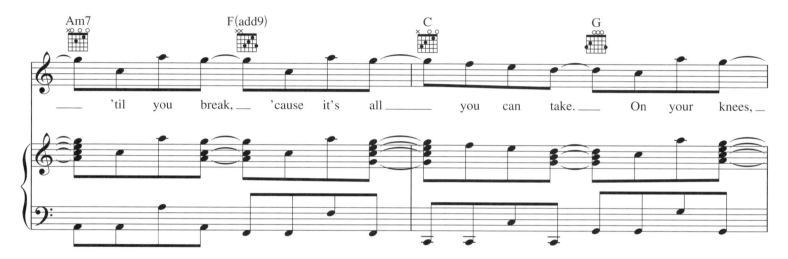

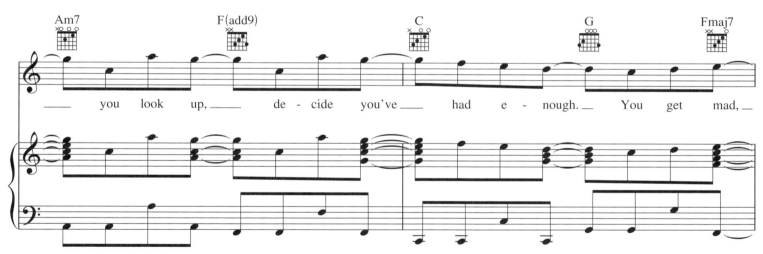

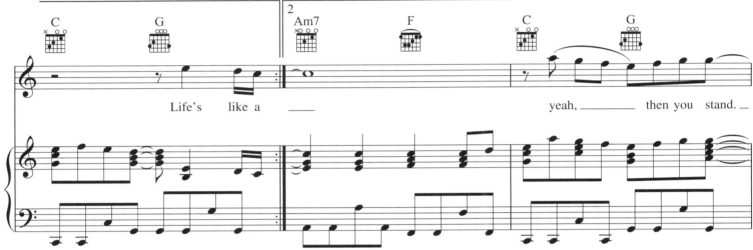

piece of you ___ starts to fall ___ in - to place. ___

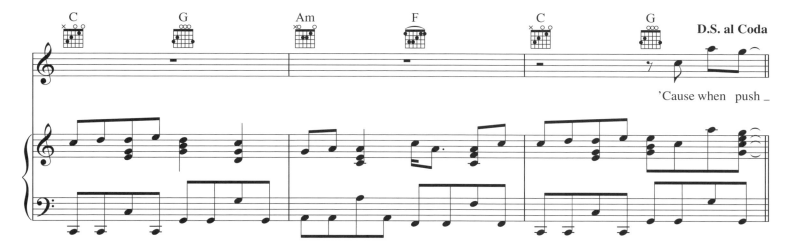

'Cause when push ___

then you stand, ___

yeah, ___ then you stand. ___

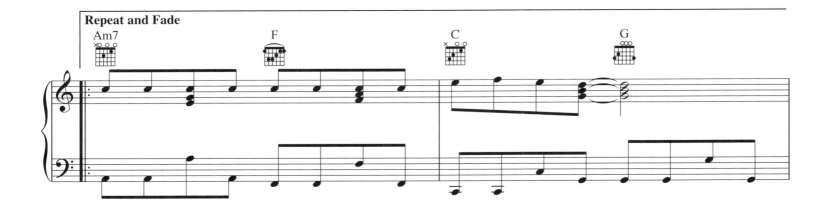

Repeat and Fade

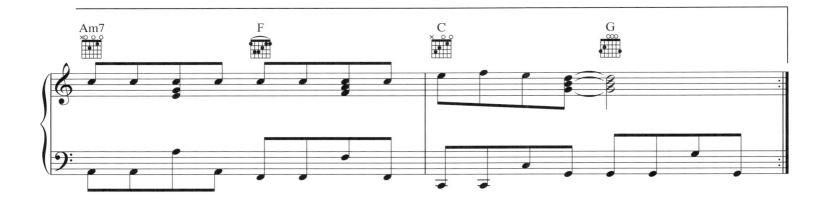

Optional Ending

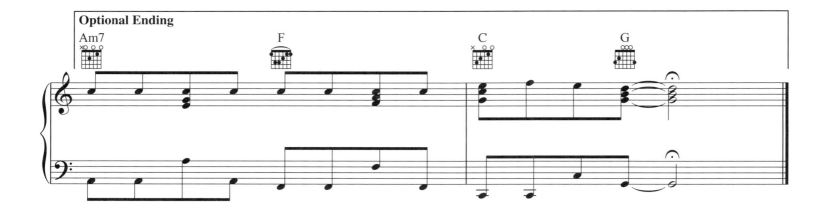

SOMEBODY'S HERO

Words and Music by JAMIE O'NEAL,
SHAYE SMITH and ED HILL

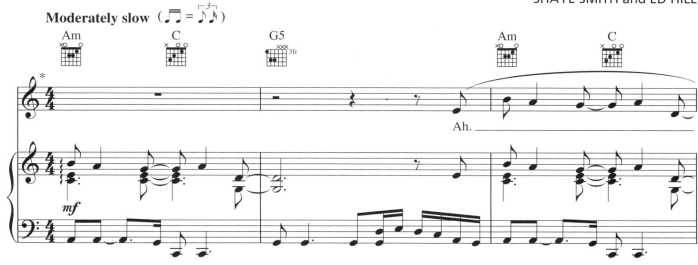

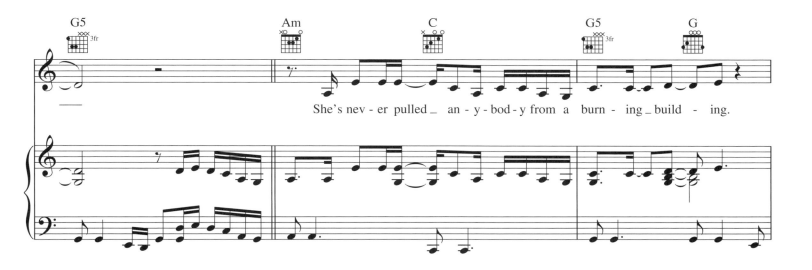

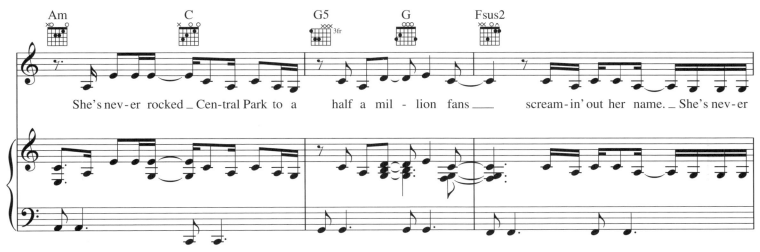

Recorded a half step higher.

hit a shot to win __ the game. __ She's nev-er left __ her foot - prints __ on the moon. __

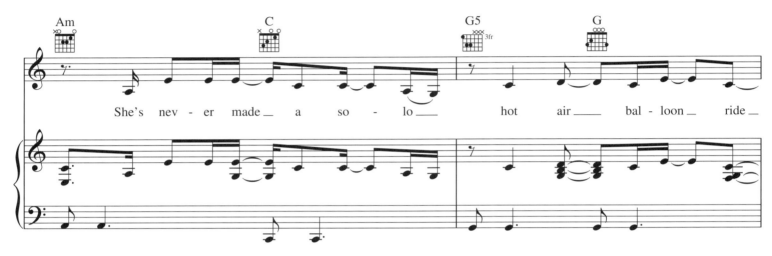

She's nev - er made __ a so - lo __ hot air ___ bal - loon __ ride __

__ a - round the world. __ No, she's just ___ your ev - 'ry - day av - 'rage girl. __ But,

she's ___ some - bod - y's he - ro; a he - ro to __ her ba -
She's ___ some - bod - y's he - ro; a he - ro to __ her daugh -

Oh. _____ She did-n't get a check _ ev-'ry week like a nine-to-fiv - er,

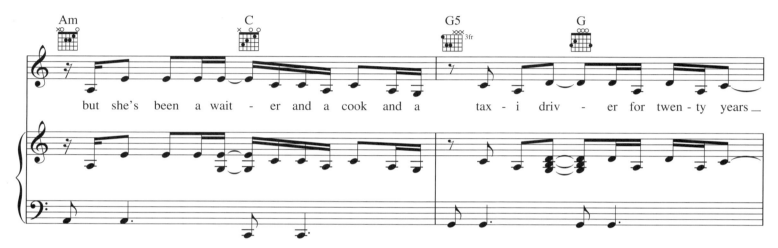

but she's been a wait - er and a cook and a taxi driv - er for twen-ty years _

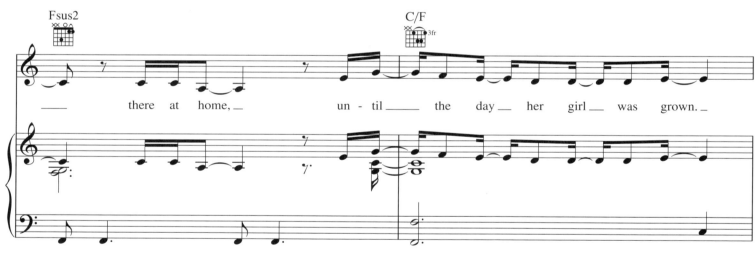

_____ there at home, _ un - til ___ the day _ her girl ___ was grown. _

Giv - ing all her love __ to her ___ was her life's am - bi - tion;

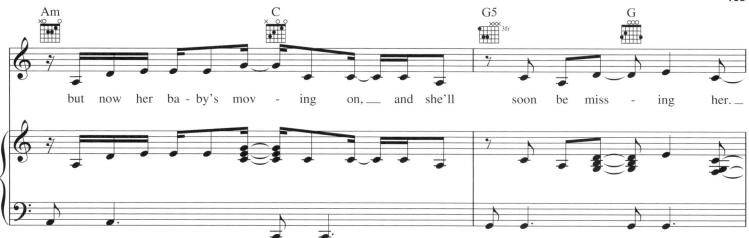

but now her ba - by's mov - ing on, __ and she'll soon be miss - ing her. __

D.S. al Coda

__ But not to - day; __ those are tears __ of joy __ run - ning down __ her face. __

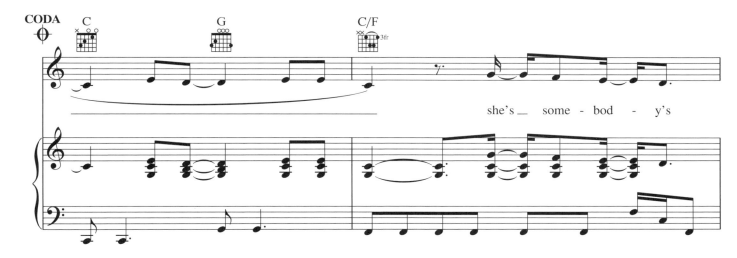

CODA

__ she's __ some - bod - y's

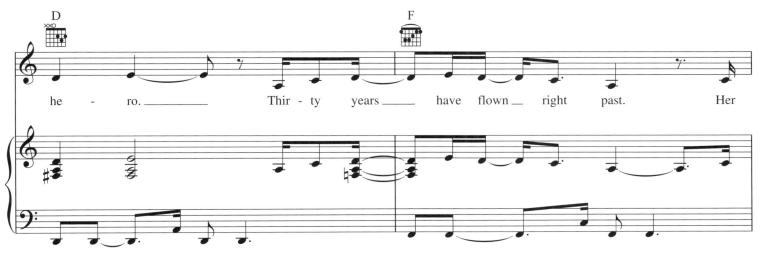

he - ro. __ Thir - ty years __ have flown __ right past. Her

daugh - ter's star - ing at all the pho - to - graphs of her moth -

- er, and she wish-es she could be like that. Oh, but she al-read-y is.

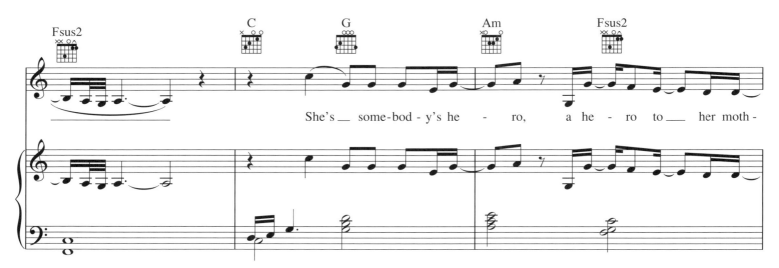

She's some-bod-y's he - ro, a he-ro to her moth-

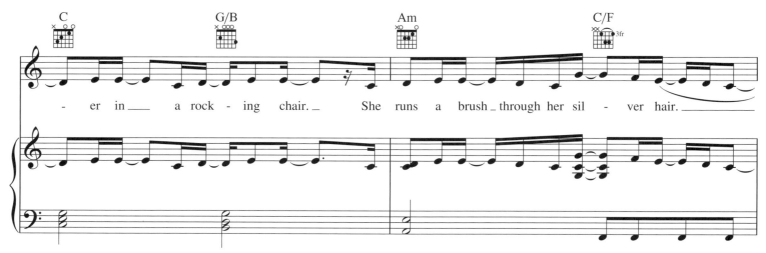

- er in a rock - ing chair. She runs a brush through her sil - ver hair.

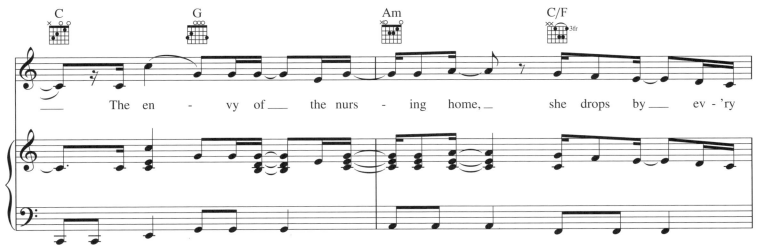

The en - vy of ___ the nurs - ing home, ___ she drops by ___ ev - 'ry

af - ter - noon, ___ feeds ___ her ma - ma with ___ a spoon, and that smile ___ lets ___ her know, ___

her moth - er's smile _____ lets ___ her know: ___

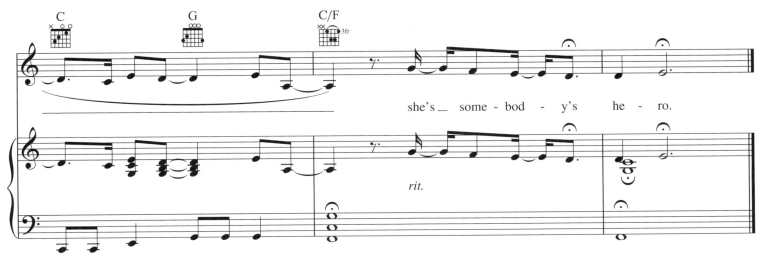

she's ___ some - bod - y's he - ro.

rit.

TEMPORARY HOME

Words and Music by ZAC MALOY,
LUKE LAIRD and CARRIE UNDERWOOD

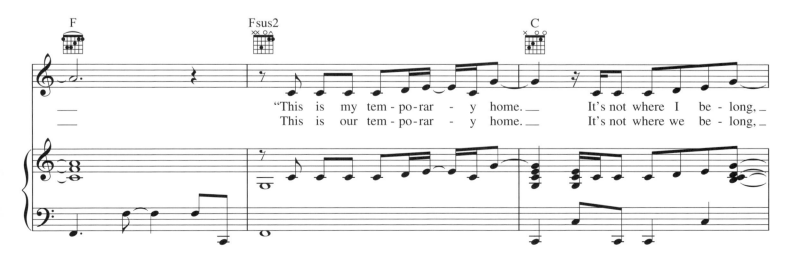

win - dows and rooms ____ that I'm pass - in' through. ___
win - dows and rooms ____ that we're pass - in' through. ___

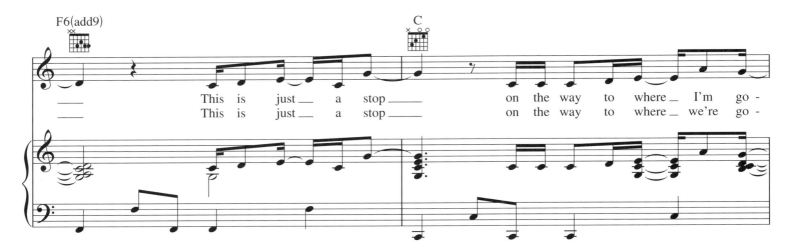

This is just ___ a stop ____ on the way to where I'm go -
This is just ___ a stop ____ on the way to where ___ we're go -

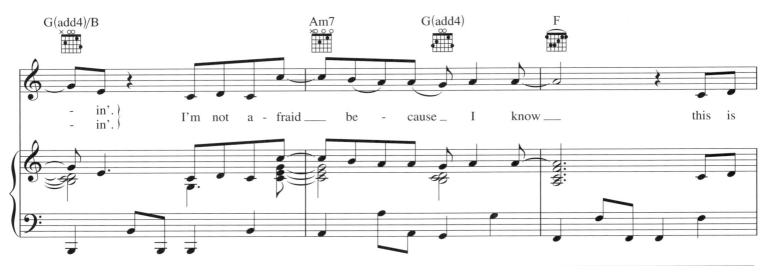

- in'. }
- in'. }

I'm not a - fraid ___ be - cause ___ I know ___ this is

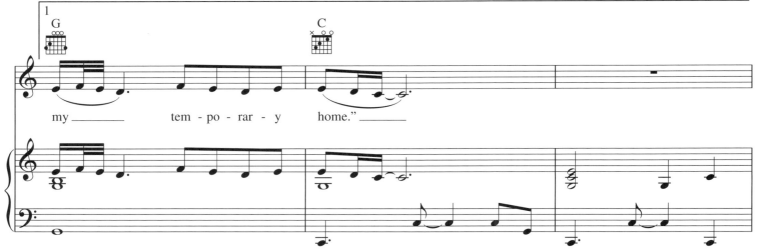

my _____ tem - po - rar - y home." _____

our _____ tem - po - rar - y home." _

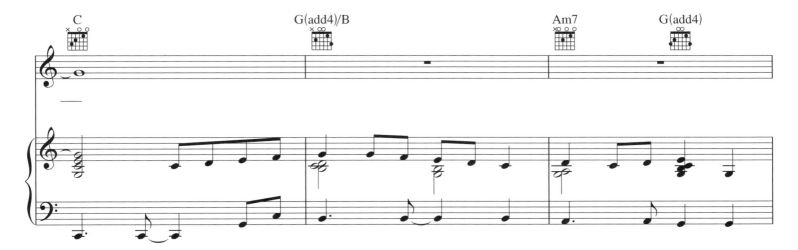

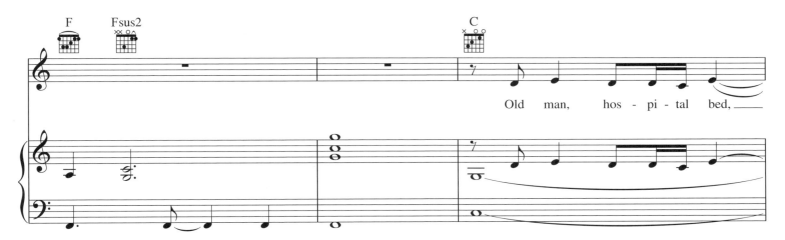

Old man, hos - pi - tal bed, ____

_____ the room is filled with peo - ple he loves. _ And he whis - pers, "Don't

cry for me. ___ I'll see ___ you all ___ some - day." ___

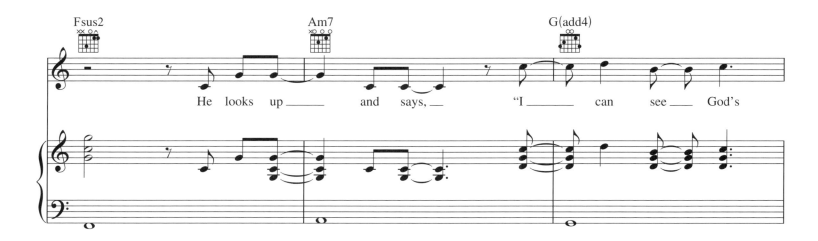

He looks up ___ and says, ___ "I ___ can see ___ God's

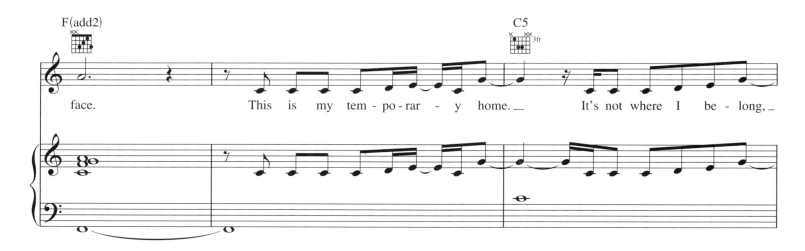

face. This is my tem - po - rar - y home. ___ It's not where I be - long, _

___ win - dows and rooms ___ that I'm pass - in' through. _ This was just ___ a

stop on the way to where _ I'm go - in'. I'm not a - fraid _ be - cause _ I know _

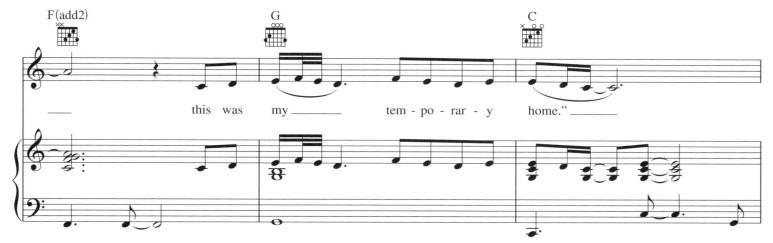

_ this was my _____ tem - po - rar - y home." _____

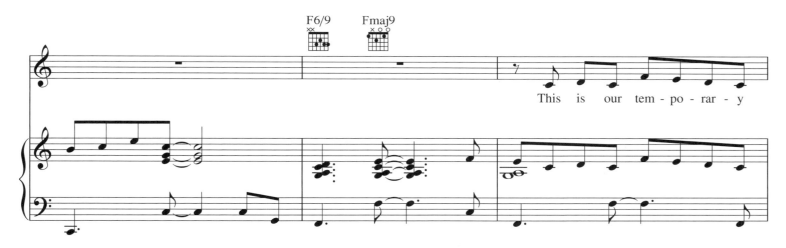

This is our tem - po - rar - y

home.

TIME IS LOVE

Words and Music by MARK NESLER,
TONY MARTIN and TOM SHAPIRO

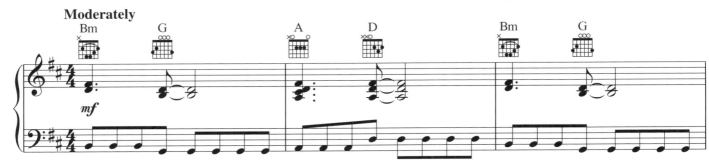

I know I got - ta put in the hours, _
I on - ly get _ so man - y min - utes.

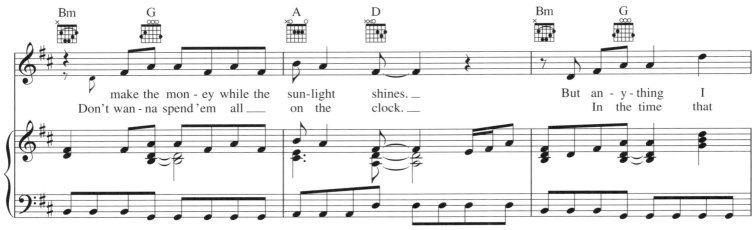

make the mon - ey while the sun - light shines. _ But an - y - thing I
Don't wan - na spend 'em all _ on the clock. _ In the time that

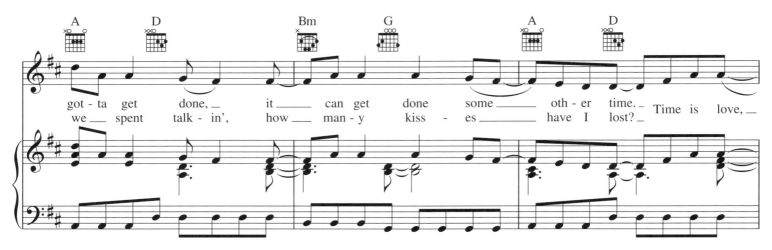

got - ta get done, _ it _ can get done some _ oth - er time. _ Time is love,
we _ spent talk - in', how _ man - y kiss - es _ have I lost? _

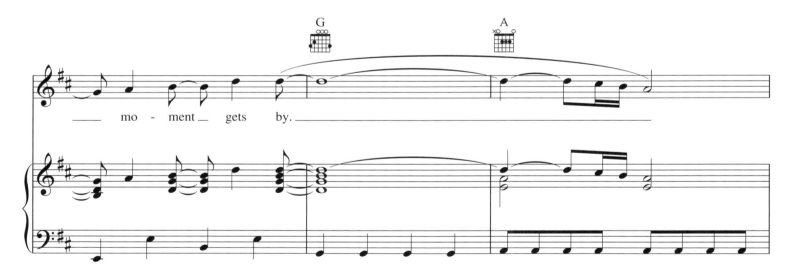

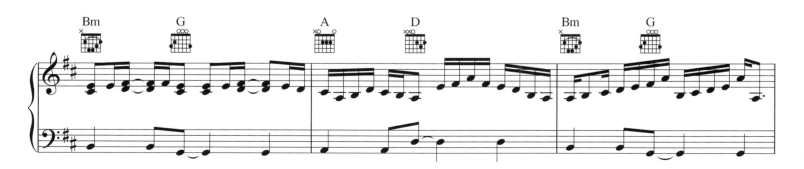

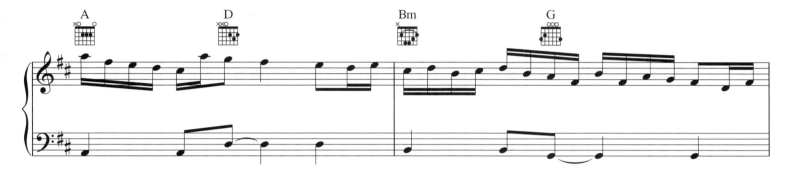

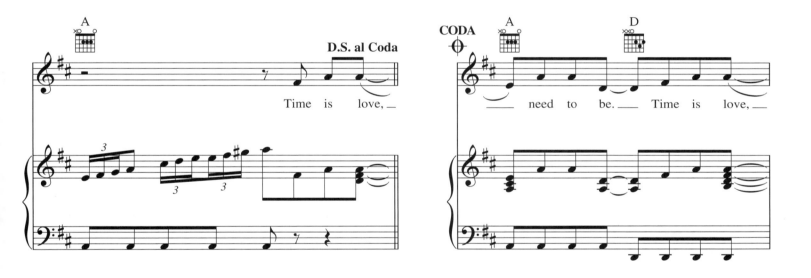

D.S. al Coda

Time is love, __

CODA

__ need to be. __ Time is love, __

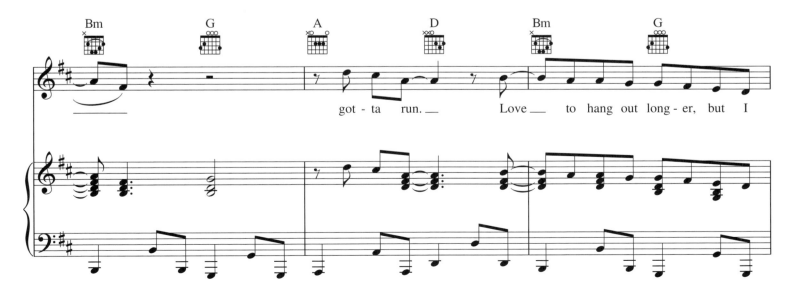

__ got - ta run. __ Love __ to hang out long - er, but I

UP!

Words and Music by SHANIA TWAIN
and R.J. LANGE

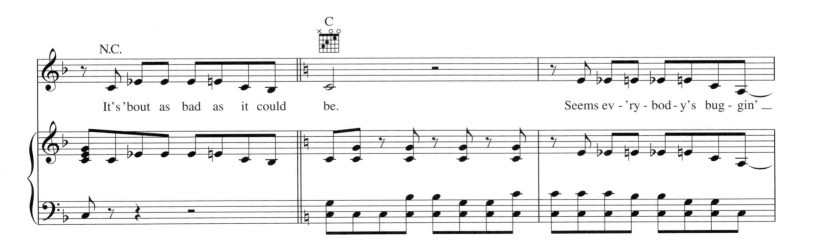

Like noth-in' wants to go my way; yeah, it just ain't been my

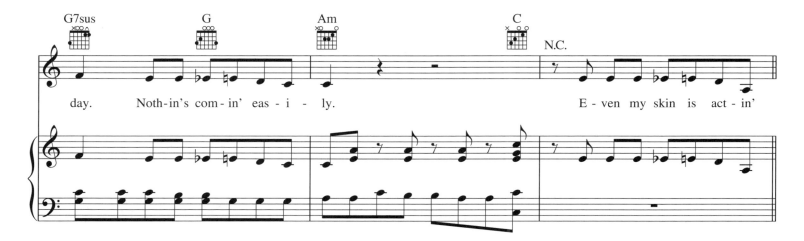

day. Noth-in's com-in' eas-i-ly. E-ven my skin is act-in'

weird. I wish that I could grow a _____ beard. _____
as for-get-tin' to fill up on _____ gas. _____

Then I could cov-er up my spots, not play con-nect the dots. I just wan-na dis-ap-
There ain't no ex-pla-na-tion why; things like that can make you cry. Just got-ta learn to have a

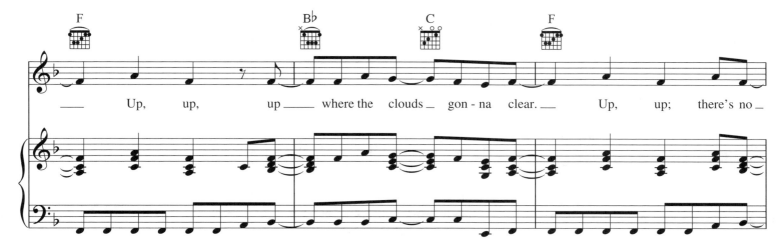

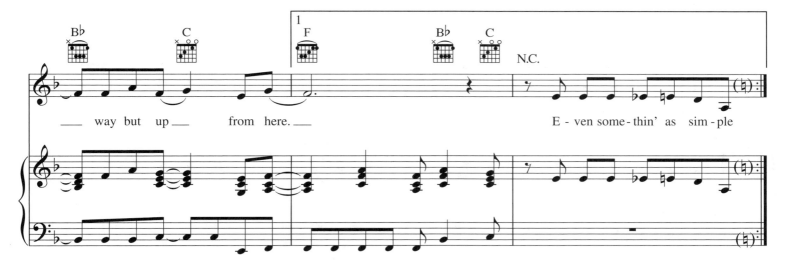

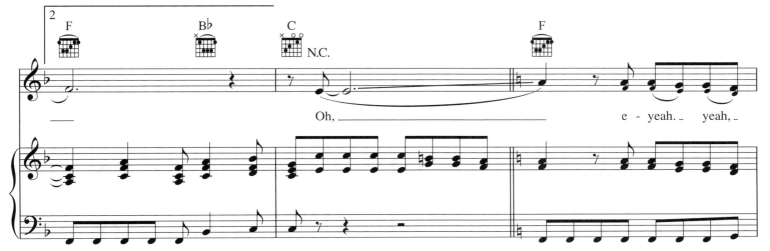

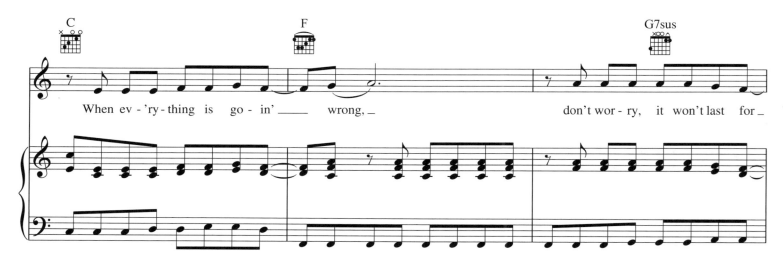

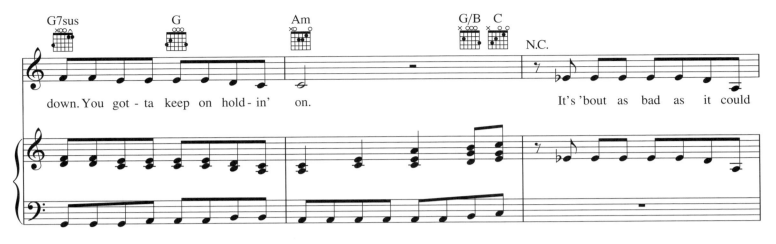

down. You got-ta keep on hold-in' on.   It's 'bout as bad as it could

be.   Seems ev-'ry-bod-y's bug-gin' ___ me. ___

Like noth-in' wants to go my way; yeah, it just ain't been my day.   Noth-in's com-in' eas-i-

ly, oh, ___ oh, oh, ___ oh. ___   Up, up, up; can on-

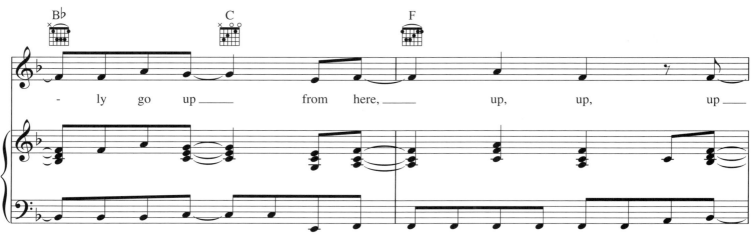

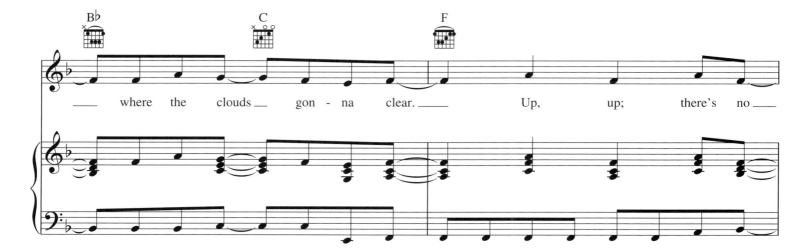

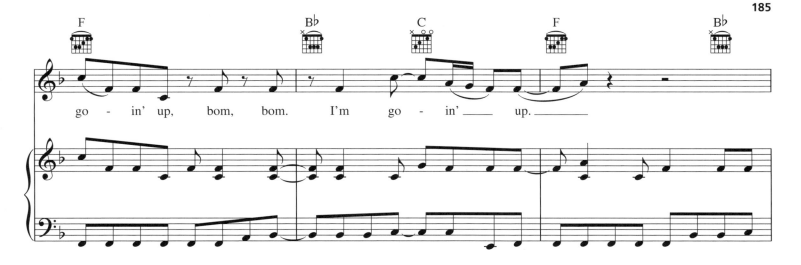

go - in' up, bom, bom. I'm go - in' _____ up. _____

Oh, _____ e - yeah, _ yeah, _ yeah,

e - yeah, _ yeah, _ yeah, e - yeah, _ yeah, _

yeah, _____ e - yeah, ___ yeah.

WISH YOU WERE HERE

Words and Music by BILL ANDERSON,
DONALD EWING and DEBBIE MOORE

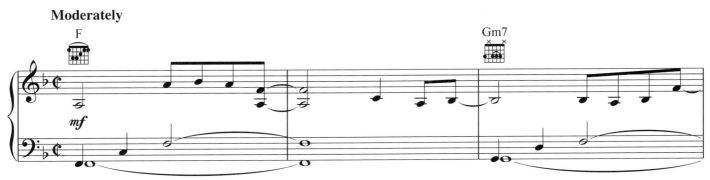

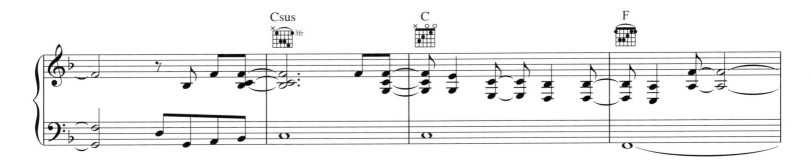

They kissed good - bye _____ at the ter - mi - nal gate.

She said, "You're gon - na be late _____ if you don't go." _____

He held her tight, said, "I'll be al - right

and I'll call ___ you to - night ___ to let ___ you know." ___

He bought a post-
how she got a post-

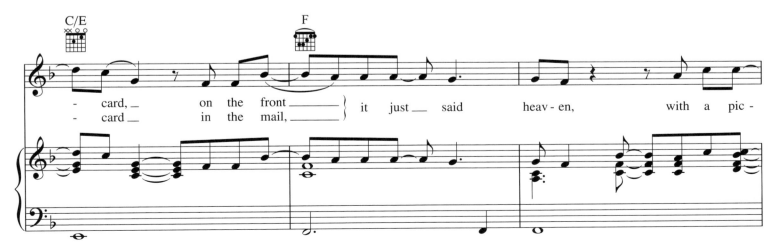

- card, ___ on the front _____ } it just ___ said heav - en, with a pic-
- card ___ in the mail, _____ }

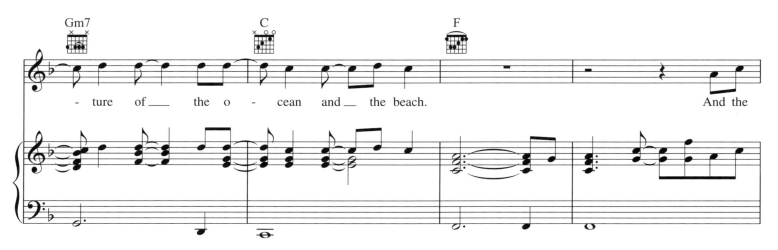

-ture of __ the o - cean and __ the beach.   And the

sim - ple words   he wrote __ her   said he loved her and __   they told her

how he'd hold   her if his arms ___   would reach.

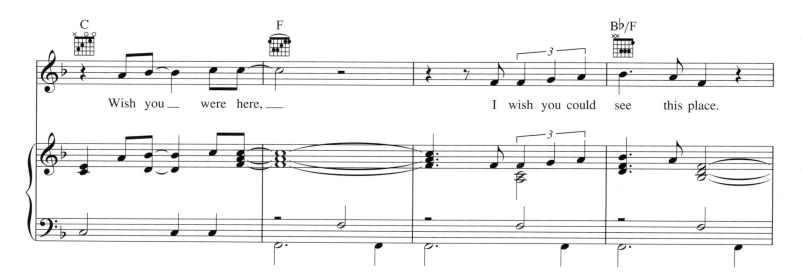

Wish you __ were here, ___   I wish you could   see   this place.

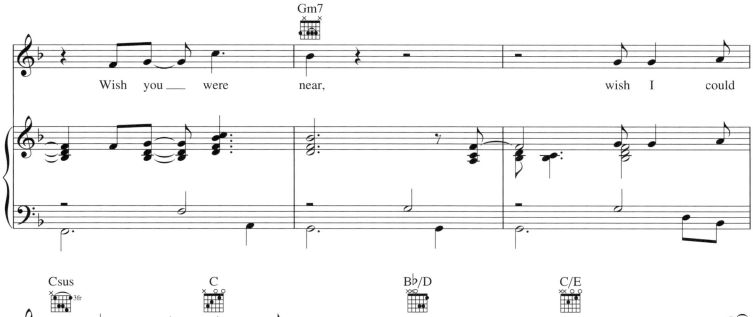

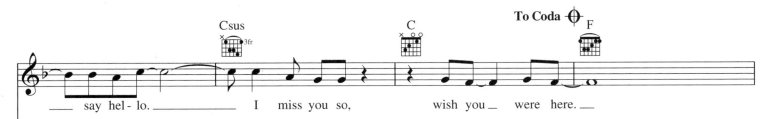

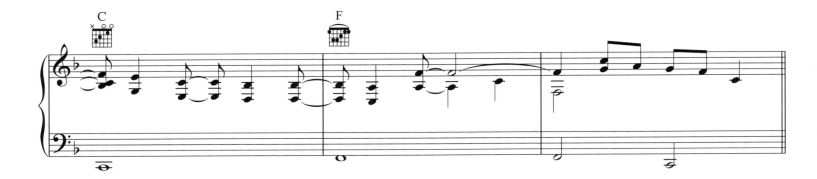

She got a call ___ that night, ___ but it was-n't from him.

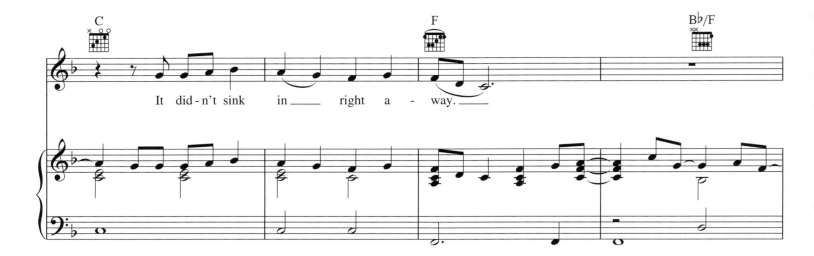

It did-n't sink in ___ right a - way. ___

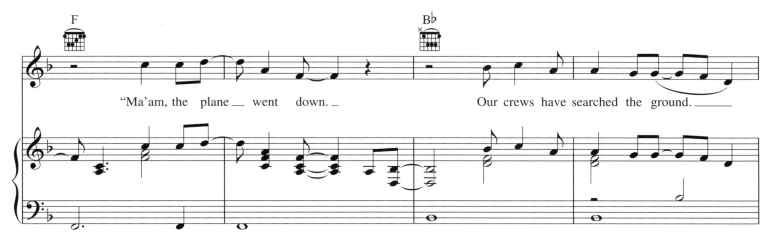

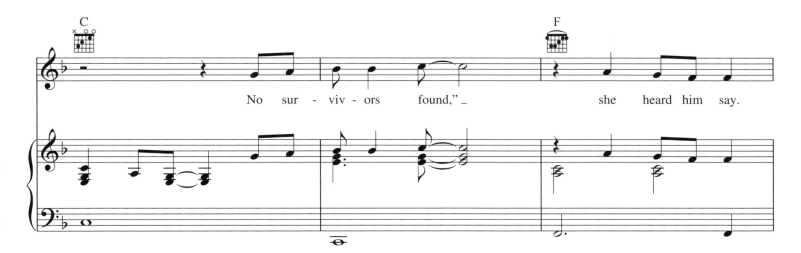

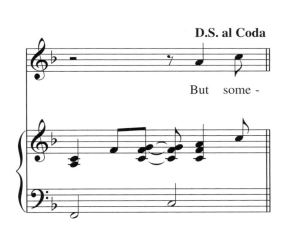

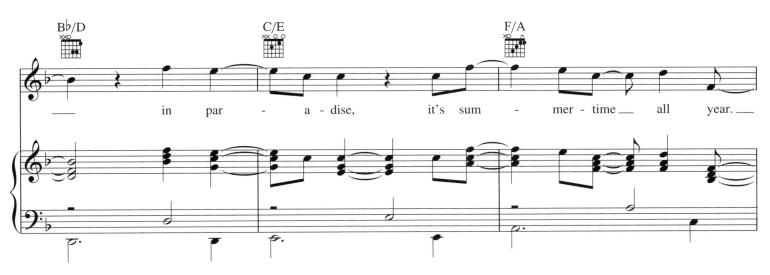

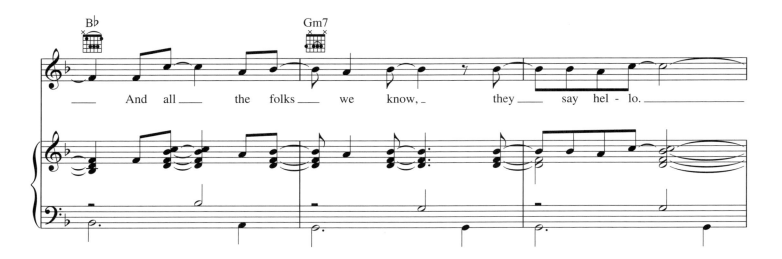

And all ___ the folks ___ we know, ___ they ___ say hel - lo. ___

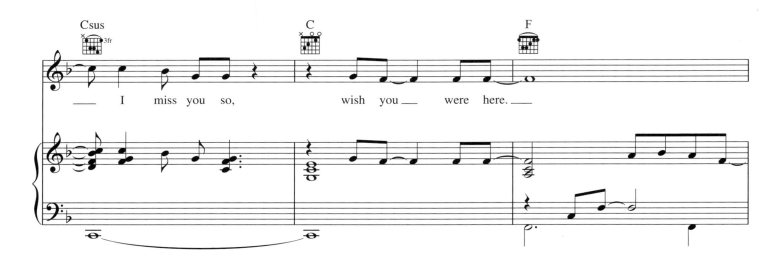

___ I miss you so, wish you ___ were here. ___

Wish you ___ were here. ___

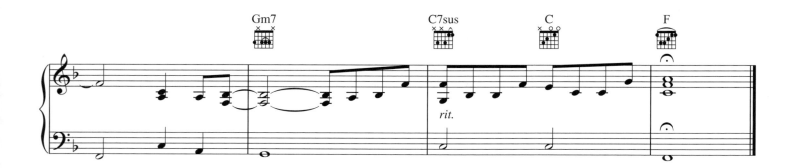

rit.